秋叶 特训营

个人品牌
7堂课

秋叶 著

人民邮电出版社

北京

图书在版编目（CIP）数据

个人品牌7堂课 / 秋叶著. -- 北京 ：人民邮电出版
社，2020.10（2022.1重印）
（秋叶特训营）
ISBN 978-7-115-54481-0

Ⅰ. ①个… Ⅱ. ①秋… Ⅲ. ①职业选择 Ⅳ.
①C913.2

中国版本图书馆CIP数据核字(2020)第126029号

内 容 提 要

本书以 7 堂课的形式，系统地总结了建立和运营个人品牌所需的 7 种思维——平台思维、赛道思维、定位思维、团队思维、产品思维、渠道思维和运营思维。本书所讲述的内容有高度的实操性，能帮助读者选对平台，选对方向，避免走弯路；从 0 到 1 搭建好团队；规划变现产品；做好粉丝留存，并持续运营产品和用户；规划好品牌的发展路径。

本书适合培训师、知识 IP、新媒体运营者、企业管理者、电商网红等阅读。通过学习本书，读者可以学会打造有温度的个人品牌，从赋能自己到赋能别人，从赋能产品到赋能产业，提升自己的品牌价值。

◆ 著　　　　秋　叶
责任编辑　李永涛
责任印制　王　郁　马振武

◆ 人民邮电出版社出版发行　　北京市丰台区成寿寺路 11 号
邮编　100164　　电子邮件　315@ptpress.com.cn
网址　https://www.ptpress.com.cn
三河市中晟雅豪印务有限公司印刷

◆ 开本：700×1000　1/16
印张：13.75
字数：187 千字

插页：1
2020 年 10 月第 1 版
2022 年 1 月河北第 6 次印刷

定价：49.00 元

读者服务热线：(010)81055410　印装质量热线：(010)81055316
反盗版热线：(010)81055315
广告经营许可证：京东市监广登字 20170147 号

INTRODUCTION 导言

秋叶大叔谈
"秋叶·7堂课"系列图书

　　你好，我是秋叶大叔，感谢你购买本书。它属于秋叶团队重点打造的"秋叶·7堂课"系列图书。该系列图书的一部分内容是由"秋叶系列特训营"衍生而来的。

　　"秋叶系列特训营"是我开设的全面提升职场能力的在线课程，有写作、时间管理、PPT、Excel、Office等多个专项特训营。这些课程得到学员的高度认可，他们发现通过提升专项能力，确实可以让自己的职场能力得到提升、放大甚至跃迁。

　　在特训营中，经常有学员问如何解决学习过程中遇到的各种问题。比如，学习很努力但就是没有进步怎么办？碎片时间不会用怎么办？如何做到"秒睡"？

　　我发现，有些问题非常具有普遍性，在每一期的特训营中都会有学员提出；我在大学授课时，也经常有学生问类似的问题。

　　既然如此，我干脆就把这些问题系统地梳理一遍，再结合我多年的经验，整理成一套专注于职场能力提升的系列图书，以帮助更多的人解决学习上的问题。对于初次接触这套图书的读者，我坚信这是你工作、生活和学习精进道路上的上佳读物。

　　对特训营的学员而言，我出版纸质图书，等于是把线上特训营的部分课程教材化，方便大家随时翻阅。这套书的内容完整，你可以通过阅读这套书，系统地学习写作、时间管理等知识和技能，实现自我能力的跃迁。当然了，如果你需要更好的学习氛围及老师的点评和助教服务，欢迎来参加我们的线上特训营。

↘

秋叶团队从 2013 年开始做职场在线教育，并出版系列职场教育书籍，内容从 PPT 扩大到 Office 领域，再到泛职场领域。我们一直根据市场需求不断拓展，帮助每一位读者或学员不断精进，目前"秋叶"也成了国内有影响力的在线教育品牌。

我们非常了解职场人，特别是职场新人对自我提升的渴求。我们这套图书的宗旨是"知识全、阅读易"，既要展现时间管理、写作或学习等职场能力方方面面的核心方法，也要兼顾当前读者的阅读习惯，既能适用于系统化学习，也能适用于碎片化阅读。

我们希望你能真心喜欢这一套"秋叶·7 堂课"图书，并能真正在这套图书中学到实战技能，从而在工作和学习中更加得心应手。

↘

想要真正掌握一项技能，只看书不动手是不行的，因为这会让你陷入"道理我都懂，但就是做不好"的困境中。往往是时间和精力都花费了，但过段时间就什么都不记得了。

为了让你有更好的阅读体验和更大的收获，这里有 3 个建议。

第一，每阅读完一个章节，就打开电脑，写一篇阅读心得，巩固学习成果。欢迎你把心得文章发微博，带上话题"# 和秋叶一起学 ××#"，并 @ 秋叶 的微博账户，我们会及时回复。

第二，根据书中教授的方法，保持持续稳定的输出，如坚持每日练笔，或者坚持每周练笔两三次，把满意的作品发到开放平台，并通过阅读数和点赞数检验效果。

第三，关注微信公众号"秋叶大叔"，通过持续查看我们每天推送的各种文章，丰富自己的知识体系，复习知识点，进而将其运用到工作和生活中。我们也乐于发表你投来的优质稿件。

按照上面的 3 个建议，坚持下去，虽然过程会有些辛苦，但你的收获会远高于单纯阅读一本书。

↘

对于第一次通过图书了解"秋叶"教育品牌的读者，建议你了解我们的系列在线付费特训营。

与一般的网课相比，我们开设的在线课程提供了更丰富、更具互动性的内容。比如，我们邀请了行业内的专业人士在课堂上答疑解惑，与学员实时互动等。你可以根据自己的需求选择想要学习的课程，以更快更稳固地提升自己的能力。

我们的在线课程，不但有老师的线上讲解和答疑辅导环节，还有助教老师一对一点评和同学作业互评环节，学员可以看到很多其他学员的优秀作业，由此得以相互启迪，彼此增益，这是目前非常受欢迎的学习模式。

完成我们线上课程的作业练习，还有机会获得免费快递送书及各种惊喜福利奖励。

↘

你也许会问："我买了图书，还需要参加在线特训营吗？图书和在线特训营有什么区别呢？"

这里简单说一下图书和在线特训营的区别。我们的图书是系统化的知识，就像是一套结构严谨的武功秘籍；而在线特训营则侧重实训化训练，有导师辅导，就好比教材配套的高级习题集，配有专业讲解、作业修改和分析总结。

系列图书可以帮助你系统地梳理知识点以及方便、快速、精准地学习；而系列在线特训营，一方面可以促使你在同伴氛围中勤于动手，强化技能练习，另一方面可以帮你得到专业教练的反馈，以更好地掌握职场技能，还能"链接"一批志同道合的同学。

所以我们说，"秋叶·7堂课"系列图书是我们规划的完整学习方案的有机组成部分，你完全可以根据自己的需要，选择最适合你的学习方式。

最后，欢迎关注微信公众号"秋叶大叔"和微博 @ 秋叶，这里会不定期分享文章，给你带来新鲜的养料，为你的学习添加更多的助力。

秋叶

2020 年 5 月

PREFACE 前言

为什么需要个人品牌

| 1 | 超级 IP：个人品牌时代的到来

有个段子是这样的：传统企业做 10 亿元的生意，需要 1 000 人；电商企业做 10 亿元的生意，需要 100 人；网红企业做 10 亿元的生意，只需要 10 人。虽然有些夸张，但也反映了当前商业的一个特点。

2018 年时，我们很难想象如今中国势能最大的商业，不是电视上的品牌广告，也不是超市里的大促海报。直播间里的李佳琦一句"所有的女生们"，或者是薇娅喊出的"薇娅的女人"，就能让你的产品库存秒光，一夜创造 10 亿元的销售额。

2018 年时，我们同样很难想象李子柒的短视频能在海外拥有那么大影响力。截至 2019 年年底，李子柒的 YouTube 粉丝高达 735 万人，单条短视频播放量最高达 3 亿次，成为外国人了解中国的一扇窗口。

不是一个企业，而是一个人开始引导商业的风口。上市公司纷纷来到网红的直播间，第一个"吃螃蟹"的金字火腿，在李佳琦直播的次日，股价一路上涨，并最终以涨停收盘。2020 年 1 月 9 日，薇娅送出 500 瓶 1 499 元的 2018 年飞天茅台，震撼全网。李子柒的天猫旗舰店推出一年，销售额就超过 7 000 万元。

李佳琦、薇娅、李子柒等成功打造了个人品牌（个人 IP），成为无数商家眼里风口浪尖上的网红。这样的个人 IP 传说，几乎在每一个互联网平台上都在诞生新的神话。快手上的辛巴、抖音上的石榴哥、微博上的明星也纷纷开始了带货试水。

打造个人品牌，成就超级 IP，今天的变现模式越来越丰富了，从一开始的产品代言，到直播卖货，到推出自己的联名款商品，个人 IP 与商业的结合越来越紧密。但认真研究，我们会发现，李佳琦和李子柒是两种本质上完全不同的 IP 模式。

李佳琦代表着性价比，消费者留下来买东西，是因为超值、划算。李佳琦背后是国内强大的制造业过剩的生产能力，带货网红博主与中国制造业一拍即合，要给粉丝最大的福利！便利的金融支付和发达的物流快递，让这一场狂欢来得酣畅淋漓。

李子柒代表着对美好生活的向往，愿意追求更好生活的人愿意为好的产品、好的包装、好的文案支付更高的品牌溢价。李子柒背后是国内制造业、服务业自主品牌的跃迁，新一代的品牌需要新的形象代言人，发出中国声音，最终走向世界。

无论是哪一种模式，今天的消费者都越来越喜欢看到活生生的人、接地气的人，喜欢自己信任的人推荐好的商品给自己。谁能成为影响别人决策的人，谁就开始在这群人中拥有了个人品牌。

在今天的营销格局下，品牌运营不单单是产品品牌、企业品牌，更是"产品 + 企业 +IP 品牌"合力驱动。把产品人格化，让企业的产品与各种超级IP品牌结合起来，丰富和提升自家商品在消费者心中的记忆点和信任度，提升产品的销售转化率，成为越来越多企业必然的选择。

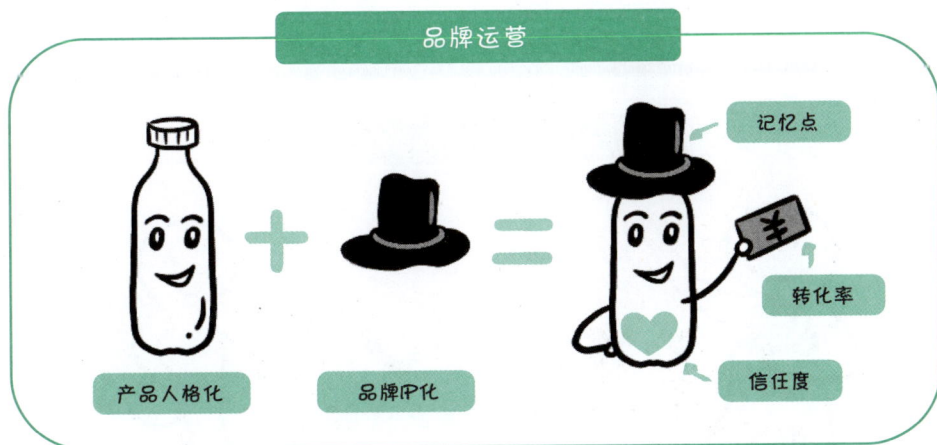

打造"个人品牌"顺应了消费者个性化选择的时代需求。可以说，在很多领域，有温度的个人品牌已逐渐赋能给公司品牌，也许是请带货网红推荐自己的产品，也许是公司创始人直接打造自己的个人品牌，也许是无意走红后开始有意识地运营个人品牌以帮助更多的企业带货。

2018年，英语老师金国伟在街头叫卖石榴的场景被游客拍下，流利的英语口语和朴实的表达使他成为"丽江石榴哥"，走红网络，登上抖音热搜榜首。借助有温度的个人品牌，"丽江石榴哥"创造了"20分钟卖出120余吨石榴，总价值超过600万元"的抖音电商奇迹。他更不遗余力地为正面宣传丽江贡献力量，抖音里类似"因为你我想来丽江"的评论已经超过100万条。

这些有想法的个人，选择去打造有温度的个人品牌。从赋能自己到赋能别人，从赋能产品到赋能产业，也必然成为新的商业主旋律。

｜2｜哪7类人需要打造个人品牌

一个人有没有个人品牌，有一个很简单的判断方法：不提职务，那你是谁？如果大家对你还有一个明确的定位，那就说明你在一定的圈子里有一点儿个人品牌。

个人品牌不是你的职务，你的职务能说明你的专业方向或你所在位置的影响力，但不一定说明你有个人品牌。

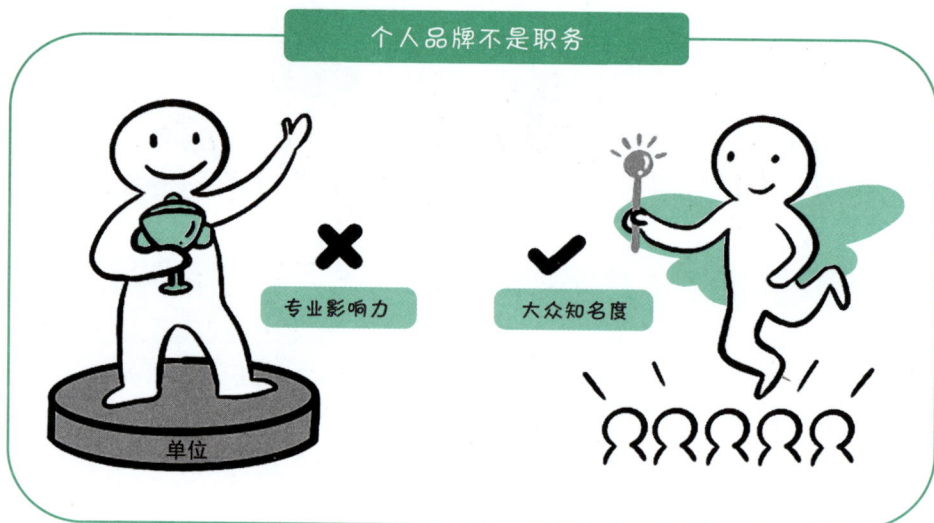

个人品牌不是职务

专业影响力 ✕　　大众知名度 ✓

单位

我们说的个人品牌，是指你的定位在大众化人群中有广泛的知名度。大家认可且喜欢你这个人，是因为你的专长、才华及个性，不是因为你背后的单位。比如，中央电视台的主持人撒贝宁，主持《今日说法》节目，知名度很高。他在央视之外参加了很多真人秀娱乐节目，凭借多样化的综艺才华，赢得了更多人的喜爱和认可，个人品牌的影响力远远超出了一档央视节目主持人的能量。

有 7 类人非常适合打造个人品牌。

（1）体育明星

世界级的赛事成就世界级的明星，带来世界级的影响。体育明星也是个人品牌开发最完善的行业，在全世界都可开展商业合作。

（2）娱乐明星

给大家带来欢乐的人，在智能手机时代是最幸福的，因为他们只要打开手机就可以直接面对普通民众，甚至可以跳过经纪公司的管控，让影响力的变现更多地掌握在自己手里。

适合打造个人品牌的7类人

（3）文化名人

能写会画、能说会道的文化名人，也很容易打造个人品牌。有些知名作家的作品不仅非常畅销，而且还被影视行业改编，这样的作品本身也能成为大 IP。财经作家吴晓波就是其中的翘楚。

（4）媒体主持

传统媒体平台的一线主持人，如果和新兴的互联网平台结合，打造更有温度的人设，借助传统平台的势能会很快做大个人品牌。2019 年，《新闻联播》主持人纷纷入驻抖音、快手，从"主播播新闻"到"主播有话说"，接地气的短视频让他们收获了一大波更年轻的粉丝。

（5）企业创始人或高管

企业高层打造个性人设来吸引粉丝，传播自己所创办企业的理念或文化，为企业品牌赋能，为自己的产品代言和背书，可以极大地节约产品的营销推广费用。比如，马云的系列演讲，任正非的系列访谈，董明珠和雷军的赌约，罗振宇的跨年演讲，都是近年来企业家打造个人品牌的成功案例。

（6）专业人士

一个人的专业知识越能帮助大家解决现实中的问题和痛点，就越具有打造个人品牌的可能。以前，绝大部分专业人士的知名度限制在自己所在的专业圈，目前借助各种平台的传播能力打造个人品牌的路径越来越多。在医疗、健康、财富、营销、阅读、早教、亲子教育、K12学习、心理、职场技能等领域，大量的专业人士和互联网结合，出现了樊登、薛兆丰、刘润、叶茂中、华与华兄弟等一大批专业路线的个人品牌成功案例。

（7）电商网红

在各大电商平台上活跃的网红，都需要打造个人品牌。如果没有个性，没有真实人设做支撑，网红直播带货很容易昙花一现。知名带货网红也想培养新的带货网红，从而解放自己，形成良性的人才新陈代谢机制。

不同类型个人品牌的打造模式分析如表1所示。

表1　不同类型个人品牌的打造模式分析

类型	定位优势	势能平台	回报模式
体育明星	运动	顶级大赛、电视转播	商业代言、自主品牌
娱乐明星	演艺	电影、电视、短视频	商业代言、自主品牌
文化名人	文化传播	图书、电视节目、自媒体	图书、商业代言
媒体主持	主持	电视、高端论坛	图书、商业代言
企业高层	商业模式	顶级会议、富豪排行榜	产品推广
专业人士	知识分享	图书、网课平台、自媒体	图书、网课、线上线下课
电商网红	卖货	各大直播平台	商业代言、商品佣金

体育、娱乐、文化、传媒，这四类从业者过去就需要经营个人品牌，都有很成熟的商业模式。这些人现在需要学习在不同的新媒体平台上，如何借助社交思维建立更高效的个人品牌传播模式。

企业高层、专业人士和电商网红反而是需要全方位学习打造个人品牌的新人。因为在传统路径下，这些人更多地是借助自己的管理经验、专业知识、销售专长，服务于特定人群，并不一定需要打造个人品牌来做好业务，只要做好业务就会带来自然的口碑传播，带来更多的业务合作。

从消费端来看，今天的消费者面临越来越多的同质化选择，打造个人品牌的本质已经成为服务消费者的一种武器。如果你成功打造了个人品牌，就能得到认可你个人品牌的用户的深度认同，用户会更倾向于选择你推荐的产品，传播你出品的产品，从而大大节约了企业的营销成本，也降低了消费者的选择成本。

从平台端来看，选择与有个人品牌的人，特别是有网络影响力的人合作，更容易激发铁粉参与活动、抬热话题，给平台带来更多的新流量，这也是平台运营需要的资源。今天的流量已经明显呈现向平台集中的趋势，由平台通过人工智能进行千人千面的分发。如果我们得不到平台流量的扶持，商业竞争的压力就会非常大。

"秋叶"现在是 Office 教育领域的头部品牌，而作为创始人的我一开始只是一名 PPT 爱好者，后来抓住了爆款图书带来的机会，在微博平台上打造了个人品牌的影响力，进而延伸到微信公众号平台、今日头条平台，从一个人做个人品牌，到一群人做大秋叶教育品牌。今天的秋叶品牌矩阵，已经是图书职场头部、网课职场头部、微博职场头部、微信公众号职场头部、头条职场头部、抖音职场头部、快手职场头部……内容覆盖 Office 技能、职场技能，事业版图一步步扩大。如果我没有强化个人品牌让自己脱颖而出，没有借助个人品牌赋能新赛道，没有争取成为更多平台内容的合作伙伴，是无法一步步做大的。

今天，服务业在中国经济中的占比越来越高，高端服务业需要大量的专业人士。企业咨询顾问、个人理财顾问、教师、律师、培训师、保险经纪人、健身教练、整理师、穿搭顾问、美妆师等都是专业人士，专业人士要获得更大的市场，就必须关注个人品牌的打造。或者说，有个人品牌的人，特别是有网络影响力的人，在市场上更容易被看见，有更多的机遇。

专业人士也不仅局限于服务行业，制造业同样需要与有个人品牌的专业人士合作。各种潮牌设计师、独立设计师、小众品牌设计师，也需要打造自己的个人品牌，这样他们才能与商家合作推出个性化联名款商品，让个人品牌为产品赋能。

第一代网红韩火火，从街拍达人、时尚 icon、公众人物、明星造型师、潮牌主理人，不断围绕着"时尚"更新自己的身份定位。他通过自己的人脉、专业特长来放大自己的影响力，他和 YOHO! 战略合作的潮流品牌 AKOP 也因此赋能。

华与华方法品牌战略公司的创立者华杉和华楠两兄弟，都是商业一线的实践者，他们在图书《超级符号就是超级创意》中写道：建立品牌的本质，就是建立一个符号。所谓超级符号，就是人人都能看懂，人人都按照它的指引行事。人们甚至不会思考它为什么存在，但只要一看见这个符号，就会听它的话。品牌超级话语利用的心理学就是突破心理防线。一旦没有了心理防线，就更能被人接受和依赖，一个本来完全陌生的、第一次听说的人或产品，都会变得让人感到非常熟悉。

其实很多电商红人，也非常在意打造专业化方向的个人品牌，他们借此给消费者以专业信赖感，提高带货效率。

"口红一哥"李佳琦家里有将近一万支口红。最令人惊讶的是，这么多口红，他都如数家珍一般，知道它们的特色、优势及体验的效果。口红、粉底液，他真的在脸上、嘴上试色再卸掉，从中挑选最值得买的推荐给网友。李佳琦推荐的化妆品，买就对了，这是打造优质个人品牌的意义。

这本书的读者对象主要是需要打造个人品牌的专业人士，当然，书中的很多方法也可供其他类型的朋友借鉴。

| 3 | 做好玩 IP 商业游戏的准备了吗

很多人想打造个人品牌，是觉得有了个人品牌后赚钱会变得轻松，可以过上自由职业者的生活。这种想法其实是错误的，一旦决心打造个人品牌，就要做自己的 CEO，把自己当作一家公司来经营，反而要更努力、更自律。

"得到"的罗振宇、"吴晓波频道"的吴晓波、"樊登读书会"的樊登、"混沌大学"的李善友、"凯叔讲故事"的王凯、"秋叶商学院"的秋叶大叔，这些先人一步的牛人，第一时间捕捉到在互联网时代打造个人品牌的机遇期，放大了个人能量，实现了闪闪发光的个体崛起。他们的个人价值的确被放大，事业也达到了很多人不可想象的规模，但我们也应该注意到，他们没有一个人过着轻松的生活，而是成为一个新赛道上的创始人。

像罗振宇，每天雷打不动地分享 1 分钟语音，已经坚持了 7 年。他2015 年还承诺跨年晚会要办 20 场，现在已经办了 5 场。我们在看到罗振宇的个人影响力越来越大的同时，也要看到这个人背后的努力和自律程度也是一般人完全不能比拟的。

打造个人品牌，大致可以分为 3 个阶段。

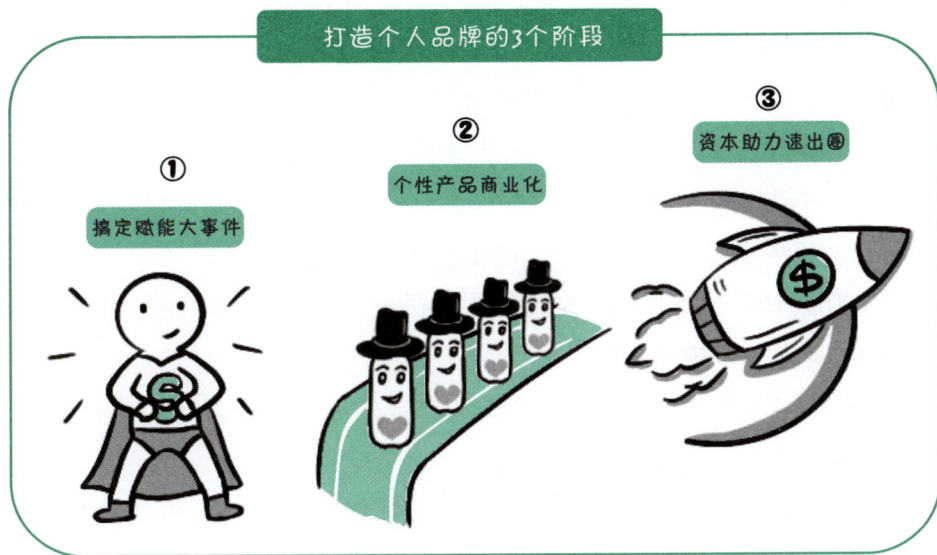

打造个人品牌的3个阶段

① 搞定赋能大事件

② 个性产品商业化

③ 资本助力速出圈

第一阶段：搞定赋能大事件，打造有魅力的人格形象，吸引第一批粉丝。

在这个阶段，个人需要抓住某个机遇窗口，让自己借助赋能大事件快速脱颖而出，然后持续产出平台需要的内容来圈粉，从而带来自己的第一批粉丝。

以知识付费的四大代表人物为例，罗振宇是在 2012 年抓住了优酷视频的机会，推出了《罗辑思维》节目；吴晓波是在 2014 年抓住了微信公众号的机会，做大了影响力；樊登是在 2015 年抓住了知识付费的红利，形成了自己的流量池；李善友是在 2015 年借助社群学习的窗口，完成了从线下学习到线上学习的跃迁。

第二阶段：推出有定价权的个性化商品，形成初步的商业模式。

一旦个人品牌初步形成，就要考虑合理的商业变现模式，让个人品牌经营从个人运营到团队运营，到公司化运营。

这个阶段考验的是一个团队的商业化运营能力，不再是一个人的个人魅力。就像今天的李佳琦和薇娅都不是一个人，其背后都有几百人的团队。只不过整个团队的努力，都聚焦到一个人身上，才进一步放大了个人的能量。

第三阶段：借助资本的力量，加速发展和跨界出圈。

有个人品牌的人，借助个人品牌的影响力，会得到各路资本的青睐，加速发展，让自己与不同的商业形态、不同的产业建立连接，扩大自己的影响力，这种跨界发展模式今天俗称"出圈"。

淘宝直播的李佳琦、薇娅红了以后，体育明星、娱乐明星、文化名人、企业家等都相继来到了他们的直播间。

在 YouTube 上拥有 735 万粉丝的李子柒，也和不同的企业合作，推出了各种自有品牌的美食产品。

这些头部 IP，都获得了各种资本力量的加持，引入了更专业的人才，让自己的事业做得更大。

打造个人品牌，就是一场商业游戏，它能让你的个人价值增加 100 倍，但也需要你付出超出常人的努力和坚持。

| 4 | 掌握 7P 思维，打造知识型 IP 个人品牌

与带货网红不一样的是，专业人士的个人品牌在起步阶段更多地要靠个人专业技能的长期积累，才能赢得大家的认同。这个周期更漫长，品牌也很难突然爆红。我们把这种个人品牌称为"知识型 IP"，虽然知识型 IP 很难爆红，但其生命周期更长，如果运营得当，也很难大起大落。

本书围绕如何打造知识型 IP 的个人品牌，总结出 7 大方法论。

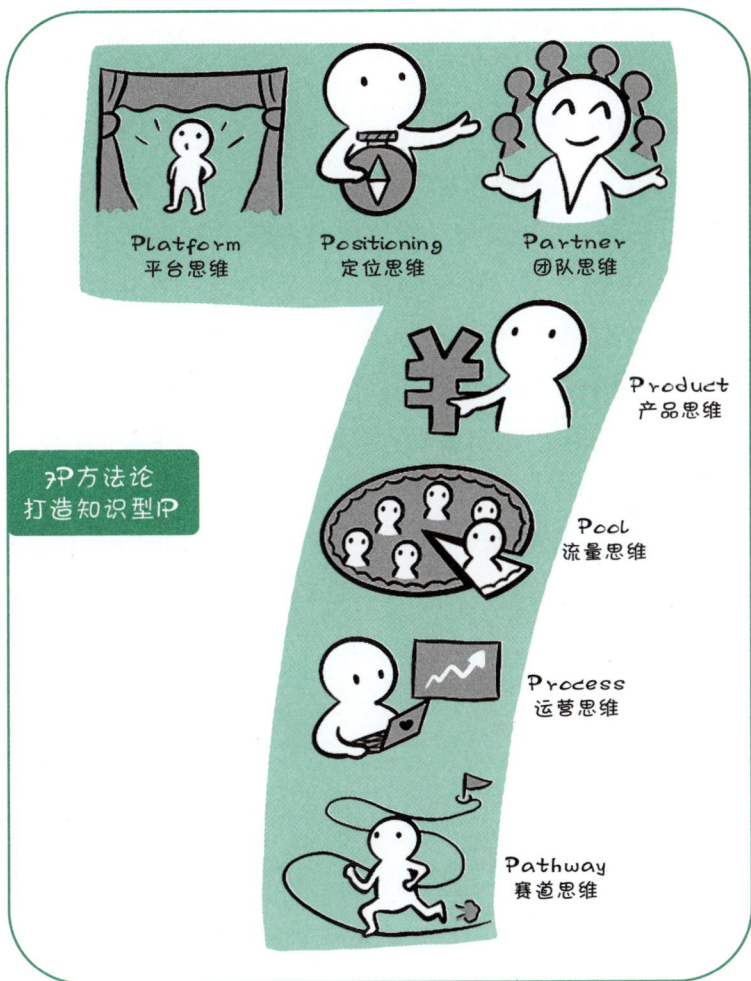

7P方法论
打造知识型IP

Platform 平台思维

Positioning 定位思维

Partner 团队思维

Product 产品思维

Pool 流量思维

Process 运营思维

Pathway 赛道思维

（1）Platform 平台思维：如何选对平台弯道超车？

（2）Position 定位思维：如何选择方向避免走弯路？

（3）Partner 团队思维：如何搭建团队从 0 到 1？

（4）Product 产品思维：如何规划产品开始变现？

（5）Pool 流量思维：如何留存铁粉做大规模？

（6）Process 运营思维：如何做好运营提高效率？

（7）Pathway 赛道思维：如何选择赛道规划发展路径？

个人品牌的 7P 思维，一方面参考了市场营销学的 4P 理论，另一方面也结合了新媒体传播和社群运营的精华，为打造个人品牌提供了一套完整的方法论和工具库。

为了更好地为专业人士的个人品牌赋能，秋叶商学院基于 7P 提炼出一套行之有效的个人品牌咨询方法论，通过个人品牌咨询顾问认证班，培养专业的个人品牌咨询顾问，建设自己的顾问团队。

现在，已经有数十名优秀顾问开始为个人品牌 IP 营会员提供一对一的咨询服务，广受好评。甚至有不少会员是为了获得咨询服务而加入 IP 营，成为这个高端社群的一大亮点。

如果你是需要打造个人品牌的专业人士，毫不犹豫地打开这本书就对了！

如果你看完本书之后感觉意犹未尽，欢迎加入我们的书友会，和更多同频的朋友共同探讨本书。

目录 CONTENTS

4 团队思维 如何搭建个人品牌运营团队

5 产品思维 如何搭建有回报的产品体系

6 渠道思维 如何搭建可持续的流量池

7

运营思维 如何做好运营以提高个人品牌效率

1 平台思维

如何弯道超车打造个人品牌

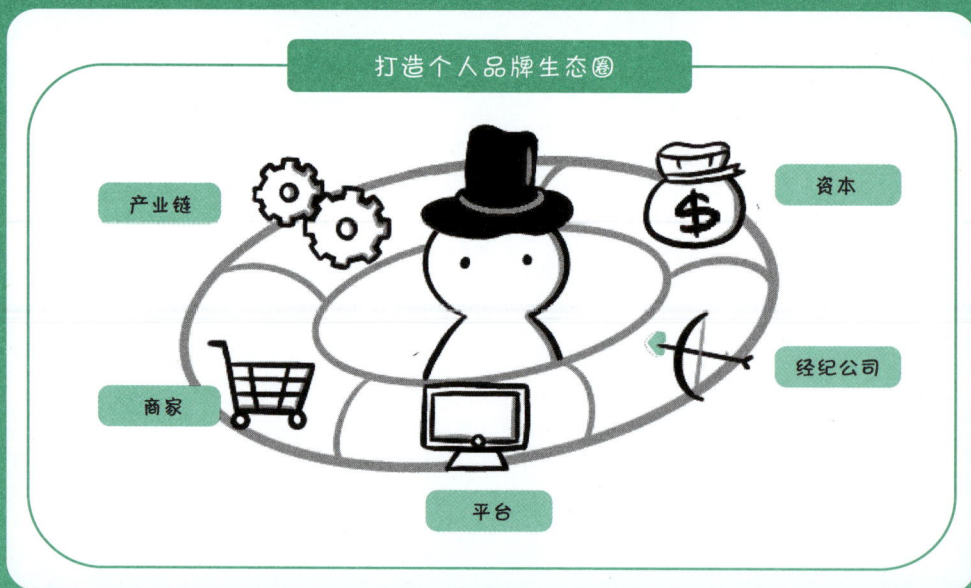

打造个人品牌生态圈

产业链

资本

商家

经纪公司

平台

- 一夜爆红，背后的真正秘密是什么
- 成就个人品牌，谁才是关键节点
- 抓住哪些平台风口，拥有下一站红利
- 获得平台扶持，需要做对三件事
- 没有平台扶持，个人品牌可以怎样做

1.1

一夜爆红，背后的真正秘密是什么

2014 年前后，伴随着直播和秀场网红的兴起，在 YY、六间房等电脑直播平台上出现了一批网红，他们靠打赏创造了一个又一个的流量经济"神话"。

2016 年 3 月，淘宝直播首开电商直播，试图打通"直播 + 电商"模式，正是这一年欧莱雅选了 200 个柜台工作人员去做淘宝直播，其中有一个年轻人后来脱颖而出，他的名字叫李佳琦。

淘宝显然发现了直播带货的潜力，2018 年"双 11"，马云亲自来到李佳琦的直播间，和李佳琦一起卖口红。马云显然更适合站在讲台上谈领导力，他来到直播间更多地是为淘宝电商转型站台。

2019 年，李佳琦感受到流量瓶颈，其背后经纪公司美 ONE 提出全域网红的策略，进军抖音，并成功破圈。李佳琦不断出圈，为淘宝直播带来源源不断的流量，李佳琦的动作显然也得到了淘宝直播官方的幕后支持——这从淘宝直播官方的每一次重大演讲都会把李佳琦当案例来分享便可看出端倪。

现在我们的问题是，一个人成为网红，最关键的要素是什么？

是推出李佳琦的欧莱雅？是推出直播的淘宝？是李佳琦背后的经纪公司？还是李佳琦自己的奋斗？

李佳琦红了以后，网上有无数复盘文章，欧莱雅主动试水直播的故事成为这些复盘文章的背景，李佳琦为了卖口红的奋斗故事，又或者他背后的经纪公司如何运筹帷幄成了文章的情节。

是时势造英雄？还是英雄造时势？我们认为，回答"淘宝为什么要做直播"，也许答案更清晰。

如果淘宝不推出直播，就很难应对靠淘宝直通车和智能推荐带货的转化效率下滑的难题；如果淘宝不能帮助无数商家消化海量的商品供应，那么淘宝自身也会面临着用户流失。在强大的微信社交电商压力之下，淘宝必须做出新的路径选择。淘宝以往的成功是建立在把线下店铺搬到互联网上，今天的淘宝必然要尝试把线下导购也搬到互联网上。一旦淘宝决定要让线下导购上网，出现"李佳琦们"是必然的事情。回过头看，淘宝不过是在把自己整合的产业链进一步深化。

我们把目光投向另外一个个人 IP 打造平台——快手。快手推出"源头好货 1106 购物节"，鼓励"产业链＋产业带"创新直播模式。快手主动去产业带所在城市建立直播基地，筛选合格商家成为直播的主体，用"直播砍价"的形式快速带货。

在这种新的直播电商扶持政策下，整个产业链的角色和分工出现了巨大变化。这种变化让抖音感到了压力，促使其悄悄采取了同样的动作。

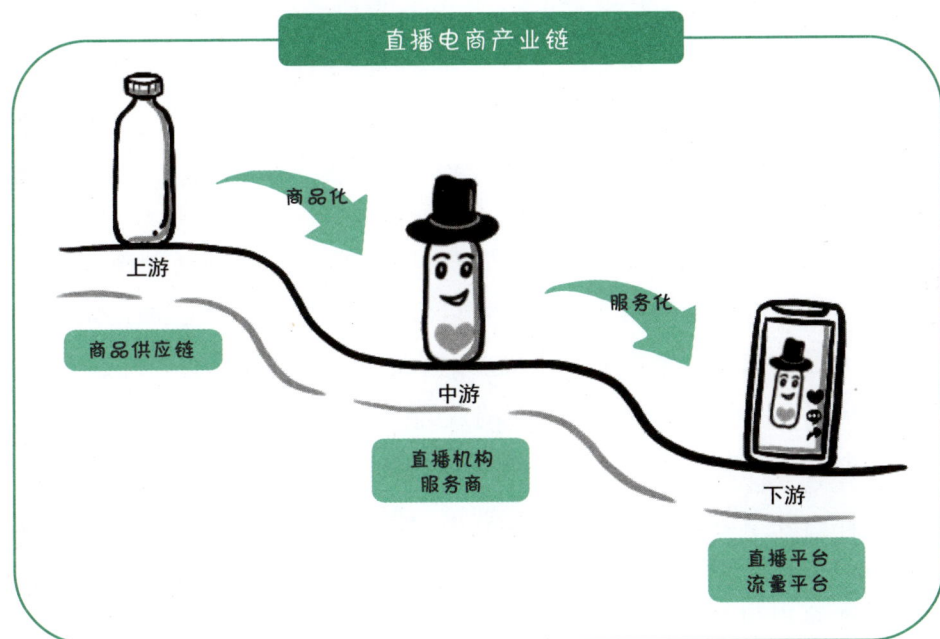

直播电商产业链

商品化　　服务化

上游　　商品供应链

中游　　直播机构服务商

下游　　直播平台流量平台

河南南阳镇平县，是一个有近百年珠宝玉石加工历史的地区，快手在这里设置了"快手珠宝产业带镇平直播电商基地"，系统化培养快手直播电商。

这一直播电商基地类似创业孵化器，收取年服务费，为商家提供直播和短视频培训、低成本的直播办公室，以及对接玉石产业链的上下游厂商等一系列中间服务。比如，基地与知名认证机构建立长期稳定的合作，把玉石认证证书费用从 2 元直接降到 1 元。又比如，基地与顺丰快递协商快递费用，通过上规模的订单量，将快递价格降至最低。快手将珠宝直播电商做起来后，又带动商家与知名设计师共同研发新的适合年轻人和直播电商的产品。

有的玉石商家选择直接建立多个直播间账号，招募全职员工直接向消费者展示和销售产品，在直播期间不出现主播本人，而是直接通过"直播砍价"的方式推动购买。采用这种模式没有主播流失的风险，但也缺乏主播的带货亲和力，转化率不稳定。

有的商家则采用"主播"模式，主播打造自己"懂珠宝"的 IP 人设，依托"产业带"资源在快手上进行直播卖货，整个直播过程就像是懂行的朋友带你去逛店，现场直播试戴，甚至帮你砍价，所以用户的黏性就会越来越高，并逐渐形成口碑传播。

至此一个新的电商产业链兴起了，作为这个产业链上的主播，一夜带货几百万元都成了常态，很显然他们中间必然会出现新的超级带货王，一个垂直赛道上的新晋网红。可以想象得到，在快手上成为网红的主播，一定会依托这个产业链去更多的直播平台发展，带着所积累的势能去新的平台圈新的流量，发展新的业务。

这个过程，也是我们在《如何打造超级 IP》这本书里面提到的"定位、上位、卡位"循环：定位找准赛道，聚焦资源在某个平台上位，滚动覆盖多个平台卡位。

回到知识付费这个赛道，罗振宇的"得到"是绕不过去的案例。2012 年罗振宇创建"罗辑思维"的时候，他的梦想还只是为读书人打造一个小书童，罗振宇反复强调："自己不是老师，而是伴读小书童。就是帮那些没时间的人去挑书，去读书，然后转述给用户。"

2016 年罗振宇推出"得到"，约了一批人在"得到"上开设了专栏，开始去"罗振宇"化，让一大批人通过"得到"使个人品牌变得更闪亮。

对"得到"而言，时代的大趋势是移动互联网和智能手机的普及，有一定知识素养的人群需要消磨碎片时间，谁能满足这个需求，谁就能占据这个市场的一席之地。"得到"推出了自己的 App，让自己成为一个知识内容的供应商，整合优质的教研团队、一流的老师，推出符合目标人群需求的系列课程，课程形式也逐步从"音频＋图文"过渡到音视频产品。

"得到"迎合了这个时代的发展趋势，整合了内容生产这个供应链，成就了"得到"今天的胜利。"得到"的胜利必然会带动一大批人成为所谓的"知识网红"。

我们认为，所有个人品牌的兴起，都是无数传统行业供应链重新再造的过程。虽然叫"个人品牌"，但没有一个"个人品牌"的持续发展完全依赖于个人的努力，这背后一定是依托某个产业链，打造出新的商业模式，而新的商业模式更青睐有"观众缘"的个人成为品牌或产品的代言人。

我们认为，是产业链、商家、平台、经纪公司一起创造了以个人品牌为中心的经济繁荣，当然资本也不会缺席这场盛宴。

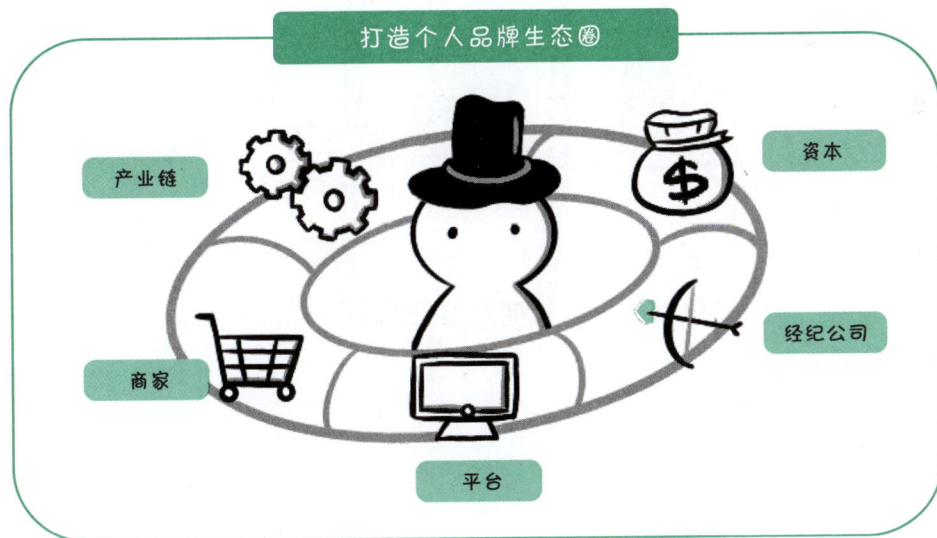

打造个人品牌生态圈

产业链　商家　平台　资本　经纪公司

个人品牌的命运，和整个商业生态的演化趋势紧密相连，如果看不懂某个行业的商业演化趋势，没有得到某个商业生态圈的持续扶持和运营，就贸然去打造个人品牌，即使借助某个事件吸引了一部分人的注意力，最终也只是昙花一现。

电商网红也好，知识 IP 也好，都要看懂大趋势下的商业进化，要看到个人品牌或网红经济背后的产业链。未来的电商生态里面，直播未必是主要形态，但肯定是必要形态。3G 时代以看图片文字为主，4G 时代以看短视频为主，5G 时代在淘宝里点一个"宝贝"，弹出来的可能是一个短视频，也可能是一个直播讲解。这越来越像你在线下逛街，拿起一样东西你不会马上去看说明书，而是由柜员来接待你。直播在未来可发挥的空间还是很大的，至于有多长久，会变成什么形态，要看整个消费端对这种形式的接纳程度和期望值到底有多高。接纳程度和期望值越高，它的空间就越大，潜力就越大。

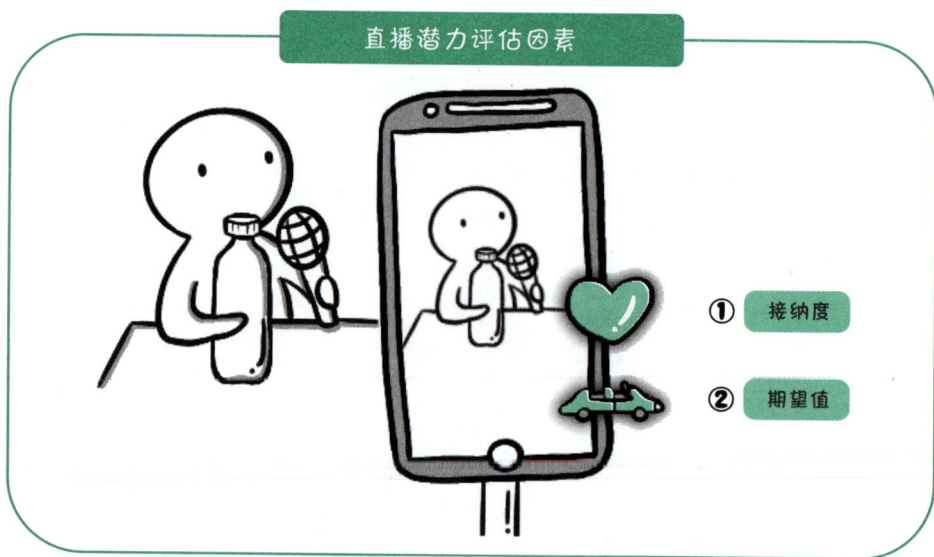

可见，淘宝直播比我们想象中要冷静，商业永远是一个进化体，想要快速打造个人品牌，就要把握商业进化的趋势，那么如何才能最快把握好趋势呢？

1.2

成就个人品牌，谁才是关键节点

在打造个人品牌的商业生态里，不同领域的平台是关键节点。特别是占据了手机用户注意力的移动 App 平台，是创造下一代个人品牌或网红的真正土壤。

做个人品牌，必须争取平台的扶持，这是打造个人品牌路径关键中的关键。因为平台才是最大的流量主。平台运营的是流量，且定义流量分配的规则。我们的运营只有符合平台的规则，才容易得到流量扶持，进而更快地脱颖而出。

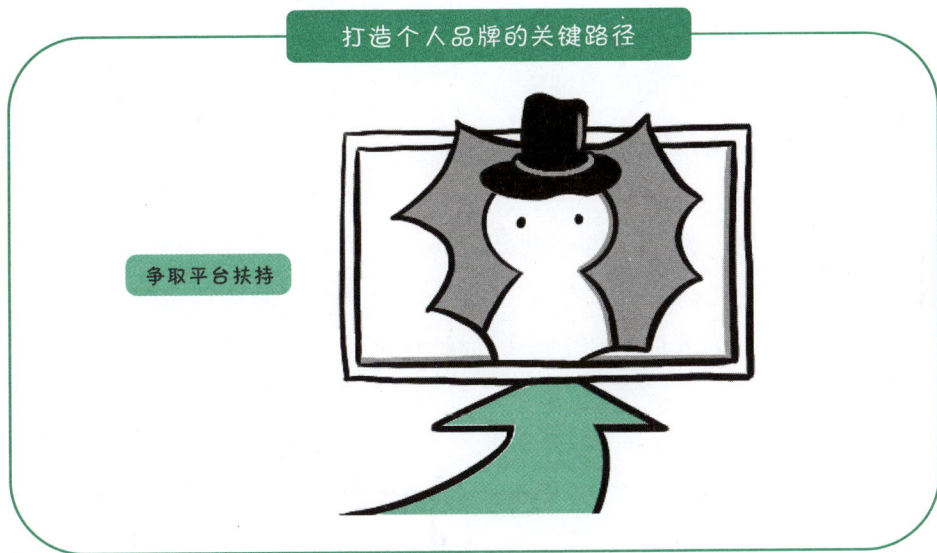

打造个人品牌的关键路径

争取平台扶持

很多人在打造个人品牌时，过多关注某个人的奋斗经历，而忘记了正是平台推出一波波新的玩法，才造就了一代代新的红人。没有谁的成功只是因为自己足够努力，一定要记得你是被选中的。

在 20 世纪 80 年代，宋世雄能成为最知名的播音员，是因为他在电台上解说的是女排比赛。在 90 年代，谁能在电影电视媒体上红，谁就是明星。21 世纪初，谁在论坛、博客上呼风唤雨，谁就是热点。10 年代以后，先是微博、公众号，然后是头条、短视频，一个又一个平台兴起，每个平台必然要推出自己的平台规则，打造一系列新的红人。谁读懂了平台规则，谁就有可能结合自己的特点在适合自己的平台上得到扶持并快速上位。

每一个平台都在进化，当 2017 年抖音推出全民模仿秀的时候，人人都有 15 秒的爆红机会；2018 年年初抖音扶持内容生态时，哪怕用 PPT 做短视频都有机会日增百万粉丝，2018 年中抖音开始扶持真人时，只要拍真人语录或问答视频就能火；到了 2019 年，所有人都在说要拍"情景剧"小视频，而且剧本挑战越来越大。抖音平台的算法偏好一直在调整，如果你不关注平台运营策略和推送算法变化，仅仅靠个人奋斗，无论怎样努力都很难让自己红起来。

今天的平台还呈现一个重大趋势，就是从内容去中心化转变为中心化分发。这一点在微博运营上尤为明显。

2009 年，新浪微博平台开始运营，很快它就有了一批强大的对手——腾讯微博、搜狐微博、网易微博、凤凰微博等，每一家都想占领社交媒体平台这个舞台。新浪微博的竞争策略是"邀约顶级名人入驻"，它邀请了一大批当时的文化、娱乐、体育名人开通微博，相应地把流量扶持给了这些名人，希望这些名人带动自己的粉丝入驻微博，事实证明，这个策略是很成功的。

2012 年开始，微博开始在自己的生态里扶持新的网红，而不仅是扶持名人，因为一个平台只有能扶持新鲜的力量上位才能证明自己的价值。在这个阶段，微博涌现了一大批大号，这些人被称为意见领袖，他们替网友讲出各种观点，开始拥有自己的粉丝和影响力。

2015 年，微博推出扶持中小 V 计划，一大批不同方向的中小 V 得到流量扶持，抓住这一波机会的人就跃迁成了大号，本书作者秋叶大叔就是这一波平台流量红利的受益者。

2018 年，微博开始扶持短视频类型，扶持 Vlog 红人，鼓励大家和淘宝电商打通。在这个阶段，微博已经完成了内容从粉丝关注到信息流推荐的进化，这意味着你的微博有多少粉丝关注并不重要，如果你的内容不能吸引订阅粉丝阅读和点击，你的粉丝未来会无法收到你的推送信息。要想获得高阅读量，你的微博运营就必须参与官方运营的频道话题。

在微博早期，微博有人看，是因为博主的粉丝多。在今天的微博，微博有人看，是因为平台在推荐你的微博内容给适合的人看。如果你不清楚平台的要求，你再怎样努力，也无法在微博平台上持续走红。

微博的信息流中心推荐模式，我认为是一个大趋势。因为平台越来越发现，随着一个人的大数据不断地采集累积，用机器算法做智能推荐，比人工推荐更能精准满足一个人的阅读偏好。

中心推荐模式让流量快速从自媒体手里转移到平台。

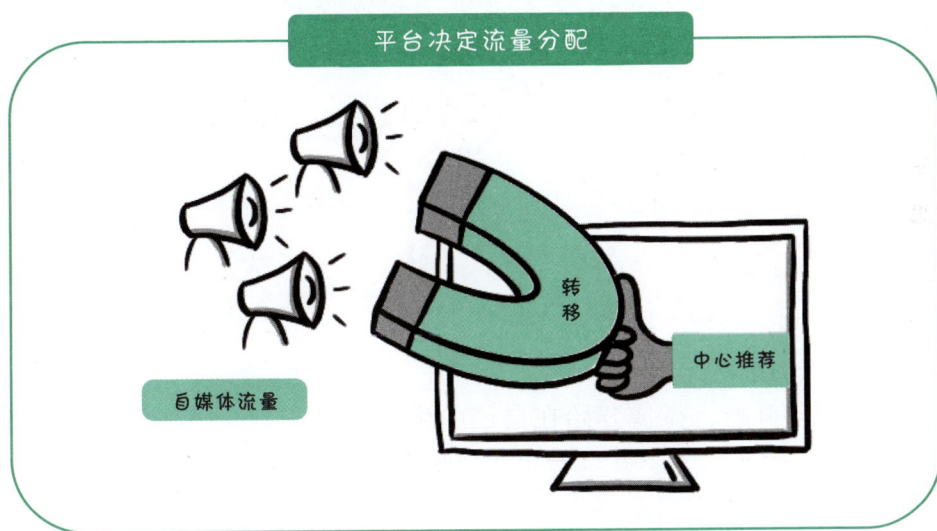

平台决定流量分配

自媒体流量　　转移　　中心推荐

在去中心化时代，有影响力的个人流量巨大。比如，在微博上罗永浩绝对算一个超级自媒体，2019 年年底他的微博粉丝数达到 1 630 万，这样的粉丝体量过去轻而易举可以创造成千上万的转发量。2019 年年底，罗永浩开发布会《老人与海的黑科技》时，曾多次转发发布会微博，但总的转发量却很难破千，难道大家都不关心罗永浩的发布会了吗？这只能说明一个问题，微博没有给话题 #"老人与海"黑科技发布会 # 推送流量，所以罗永浩多次转发，也无法让他的大部分粉丝看到他发的微博。

这就是今天的趋势，平台借助大数据和人工智能技术，实现了内容中心化分发，分发更智能，强调千人千面，但是你的粉丝看到你的内容的权利，被平台接管了。这意味着不管你的微博、头条、抖音、微信公众号过去有多少粉丝，只要你没有得到平台的支持，出现有违平台规则的内容或行为，你的流量就会陡降，甚至瞬间归零。

内容运营的流程已经变了，过去是分析粉丝的喜好做选题，现在是分析平台智能算法定义的粉丝喜好做选题。因为如果我们不带平台指定的话题，不发平台认可的内容类型，运营数据就会非常惨淡。

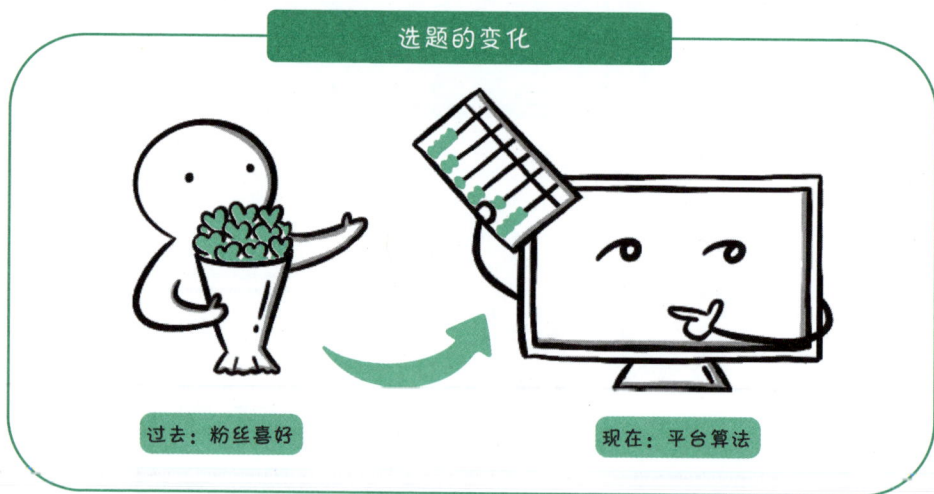

选题的变化

过去：粉丝喜好　　　现在：平台算法

很多人花费了太多时间去学习某个成功的个人品牌运营者的经验，这些当然有用，但这里建议花费更多的时间去研究平台的运营思路的变化趋势，这比复制过去的成功经验更好。毕竟，人不能两次踏进同一条河流。

清单：了解平台应该关注的 10 个问题。

（1）平台的用户画像是什么人群？（年龄段、性别、兴趣偏好、购买能力）

（2）平台的流量真实活跃度如何？（日活、活跃时间段）

（3）平台的商业模式是什么？

（4）平台鼓励哪种变现模式？（广告模式、带货模式、打赏模式）

（5）平台重点扶持的方向是哪些？

（6）平台目前有哪些针对个人或企业的扶持政策？

（7）平台的扶持政策门槛是什么，高不高？

（8）平台日常有没有系统的运营活动，如何参与？

（9）平台有没有推荐的 MCN 机构榜单？

（10）平台有没有活跃账户、榜单账户？

只有了解平台的规则，才能获得平台的流量红利，那么怎样才能知道平台有流量红利呢？

1.3

抓住哪些平台风口，拥有下一站红利

今天我们手机里的常用 App，其实也不过是 QQ、微信、微博、今日头条、抖音、快手、淘宝、支付宝、百度、美团、京东等，算上知乎、爱奇艺、优酷、喜马拉雅 FM、荔枝等内容平台，可以列入平台量级的 App 并不多。

有观点认为，真正能在手机里生存下来的移动 App 不会超过 10 个，因为人的注意力有限，不太可能装太多 App。没有足够装机量的 App，就很难成为平台，构建生态。

我们要抢到平台的红利，首先就得优先关注这些真正有持续生存能力的平台。我们对有持续生存能力的平台定义是：日活用户超过 1 000 万人。

我们坚定地认为，只有达到这种用户规模的平台才能真正让一个素人有机会打造个人品牌。

如果平台的日活用户达不到这种规模，那么就需要你本身有一定的流量，能给平台带来新的粉丝，或者平台顶多会投入资源做出一次爆款事件营销，但这很可能是昙花一现，难以持续。

找对平台后，我们还要理解三种平台红利期和流量红利逻辑，如表 1-1 所示。

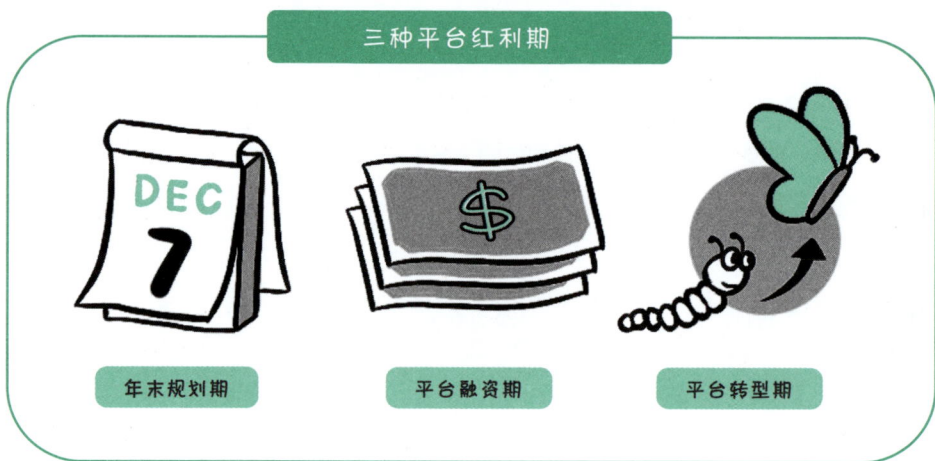

表 1-1　平台三种红利期和流量红利逻辑

红利期时机	流量红利逻辑
年末规划期	平台确认下一年的重点运营指标，投入重点资源
平台融资期	平台获得融资，就必然会推出新的产品和做出新的市场动作
平台转型期	平台遇到巨大的竞争压力或市场变化，必然会转型

在每一年年末，大平台都要规划下一年的工作重点，核心考核指标定下来，整个体系也就开始运作，流量必然分配给核心指标。如果你了

解平台的工作重心，就请努力让自己的个人品牌运营方案能对上平台运营的节拍。

2019年年初，秋叶团队了解到钉钉直播要做新的运营尝试——开放流量做直播。秋叶团队抓住机会申请到合作资格，配合钉钉做运营测试，结果是钉钉给秋叶团队推送了1 000万人的直播流量，极大提升了秋叶团队的影响力。我们建议想打造个人品牌的人，平时注意和平台保持沟通，了解平台每个季度的工作重点，进而调整自己的运营安排，尽量跟上平台的工作节奏。

很多平台会阶段性融资，平台一旦融资成功就会做一些动作，往往会投入资源去抢市场。如果你正好能提供平台需要的"子弹"，那么你就有机会被平台推上前台，把握住机会，你就有可能一炮而红。

2019年10月25日，网易有道在纳斯达克上市。网易有道上市成功后必然会扩展新的赛道，主动在全国邀约适合大学生的职场团队合作。11月初，有道团队和秋叶团队建立联系，开始指导秋叶团队测试直播销讲课。在网易有道的倒逼下，秋叶团队在线训练营业务全面转型销讲课，并得到有道的流量扶持，公司的运营能力和业务规模上了一个数量级。

平台之间也存在竞争，2016年，微信一时风头无两，但2017年开始，抖音、快手异军突起，在短视频赛道分流了大量的用户注意力和时长，给微信带来很大的运营压力。2020年年初，微信创始人张小龙在演讲中提出微信要做短内容，很快微信推出了视频号内容，这明显是应对其他短视频平台竞争压力走出的第一步。

一旦平台推出转型产品，一定会投入资源进行推广，扶持一批样板用户。我们若能在此时抓住机会，就容易得到平台的资源扶持，事半功倍。

2019年，新浪推出新的社交产品"绿洲"，投入了大量资源做推广，只要你通过绿洲发微博，就容易得到系统推荐。不管平台最后能否成功转型，个人只要借助平台的转型进行推广，都是有可能抓住推荐机会得到流量红利的。

抓住大平台的规划期、融资期、转型期，都可以获得机会。但是我们也要注意，一代人有一代人的舞台，新人会创造新的平台，新的平台需要新鲜的面孔，用新鲜的形式抓住新鲜的人群。这就是平台的换代期风口机遇。

2020年哔哩哔哩跨年演唱会一下子引起全网关注，知乎上有人这样评价B站跨年晚会："小破站厉害！开着弹幕看视频，太爽了！B站的舞台大手笔！UP主的祝福都亲切啊！哈哈。"相信很多中年人看着这段评价会感觉每个字都认识，但连一起就看不懂是啥意思。我想很多中年人会对"小破站、弹幕、B站、UP主"这些词有陌生感。

这说明"00后"人群更喜欢B站这个社区，B站上的用户大都是年轻人，年轻人一样需要娱乐、学习、交友，只不过在这个新的平台上，年轻人是平等的，他们中的优秀者会在这个平台上脱颖而出，成为下一代IP。

仔细观察一下我们就会注意到，"70后"是论坛的活跃用户，"80后"是博客的主力军，微博属于"85后"，微信公众号成就了一大批"90后"，今天的短视频主力玩家是"95后"。一代人兴起就占据了一代人的舞台，后面的年轻人要出头，去别人已经卡位的平台上冒尖太难了，那么自然有人会运营出新的平台给年轻人创造新的玩法、新的可能。

如果我们有足够的耐心，差不多每隔五年，就有机会出现下一代平台，把握住年轻人的趋势，用他们喜欢的方式去讲过去平台上曾经兴起的内容，这也是我们抓住平台风口的方式。

只是这个世界上，很多人要的不是红，而是一夜爆红。

问题是"一夜爆红"的机会凭什么会给你呢？

1.4

获得平台扶持，需要做对三件事

一旦平台接管了流量，要从平台获得新的流量，其实只有两种打法。一种是花钱买，另一种是用好内容换。所有的平台都需要构建生态，所谓生态就是有人创造大家需要的内容带来注意力流量，有人愿意付费购买流量创造变现机会，这样才能构成一个闭环。

谁能真正拥抱平台，谁才能拥有稳定的流量。

不管你要成就哪种个人品牌，只要依托某个平台，就必须遵守平台定义的商业游戏规则。比如，体育明星，他们背后的平台其实是电视、报纸、网络等所有关心体育赛事的传媒。但体育明星必须出成绩、创纪录，才能获得大众的注意力，从而拥有巨大的商业价值。又比如，娱乐明星，如果不能持续出新作品，很快也会被新人取代，正所谓"一代新人换旧人，有谁听见旧人哭"。

如果你依托的是中心化分发的平台，要么你能稳定产出它需要的合格内容，从而让平台愿意给你分配流量做粉丝留存，然后想办法变现；要么你舍得花钱买流量，让平台把流量卖给你，你来想办法将其转化成付费用户后留存。前者就是内容创作者的主要模式，后者是电商经营者的主要打法。

拥抱平台的流量打法

内容创作法
稳定产出
合格内容

电商经营法
花钱买流量
做用户转化

想打造个人品牌，就得持续稳定输出平台需要的内容，这样才能有机会被平台选中，得到流量扶持，从而加速个人品牌的建设。反过来说，如果你的内容和平台运营的核心指标不相干，就会根本得不到推荐。想做个人品牌，必须寻找适合你的媒介，培养自己创造稀缺内容的能力。

对于想打造个人品牌的个人和团队来说，抓住 3 个关键点就比较容易脱颖而出。

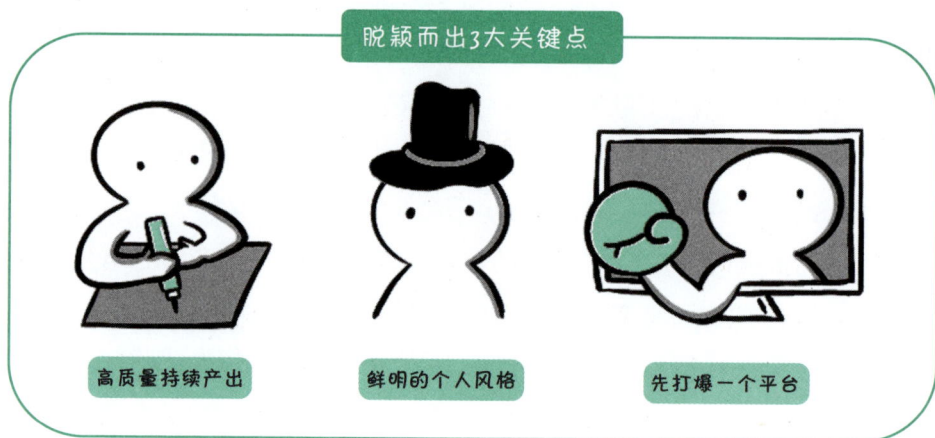

脱颖而出3大关键点

高质量持续产出　　　鲜明的个人风格　　　先打爆一个平台

| 1 | 持续产出高质量的内容，比一次性爆款更重要

千万不要认为写出几篇爆文，发几条爆款视频就能让一个人开始红，想要打造个人品牌，必须要稳定持续地产生高质量的内容，或者有质量足够的内容，只有这样才能得到平台的扶持。平台会记录一个人的网络数据的稳定性，是否持续更新，是否保证了一定的数据质量。只有长期稳定数据好的内容，才能得到平台的稳定推荐，否则即使偶尔得到平台的推荐，数据也会很快回到起点。

更新，更新，更新，保持平台期待的更新节奏，并确保内容的质量稳定，这才是成功打造个人品牌的团队应做的事情。

| 2 | 要给内容加上鲜明的个人风格，才能脱颖而出

不管你是写文章、做直播，还是拍短视频，有质量的关键是你的内容

要有鲜明的个人风格，这样才能让你的个人品牌给广大观众留下记忆点。

模仿成功的爆款内容模式，会蹭到一波流量，但很难超越原创。除非你在别人的模式基础上找到自己的风格。很多人模仿爆文的套路也能写出不错的文章，但因为在重复原创，很难爆红，最终只能成为爆红内容账号的供稿者。

要记住，一个人的风格不能永远一成不变，要不断观察粉丝对内容的偏好，并在此基础上去进化、去创新。

｜3｜不要一开始就企图多平台卡位，先打爆一个平台

不同的平台有不同的运营基因，适合不同的内容创作者。会写微博的人，不一定玩得转微信公众号；会写微信公众号的人，不一定做得了短视频；能拍短视频的人，自己做直播不一定有观众缘。

不要因为别人在不同的平台发展良好，就非要自己一开始就多平台发展，这会导致有限的精力和资源分散。不如一开始集中精力打爆一个平台，了解平台的最新政策，争取成为头部，自然会得到其他平台的邀约，反而可以谈更好的入驻方式和条件。适合打造个人品牌的主流平台及方向如表 1-2 所示。

表 1-2　适合打造个人品牌的主流平台及方向

平台名	适合方向
微博	适合短内容，平台有优先扶持的频道方向
微信公众号	适合长图文，平台没有扶持，需要自己做内容
今日头条	适合长图文+短内容，平台有优先扶持的频道方向
抖音	适合短视频+直播，平台有优先扶持的创作类型
快手	适合真人短视频+直播，平台有优先扶持的电商方向
淘宝	适合真人直播，平台有优先扶持的电商方向

很多想打造个人品牌的个人，很难有精力和资源去动态了解每个平

台的最新政策和运营模式。谁知道微博的下一季运营规划，或者某个频道微博下一季运营规划？把微博换成百度、抖音、头条、快手……估计大家也不知道。

平台也不愿意一对一和个人作者对接并告知自己的运营规划，这样做沟通的成本太高。因此在个人创作者和平台之间，出现了大量的中间机构，叫 MCN（Multi-Channel Network），我们可以把 MCN 理解为内容创作者的经纪人机构，好的 MCN 会组织内容创作者稳定产出某类型的内容，从而得到平台资源的支持，成为平台内容生态的一部分。

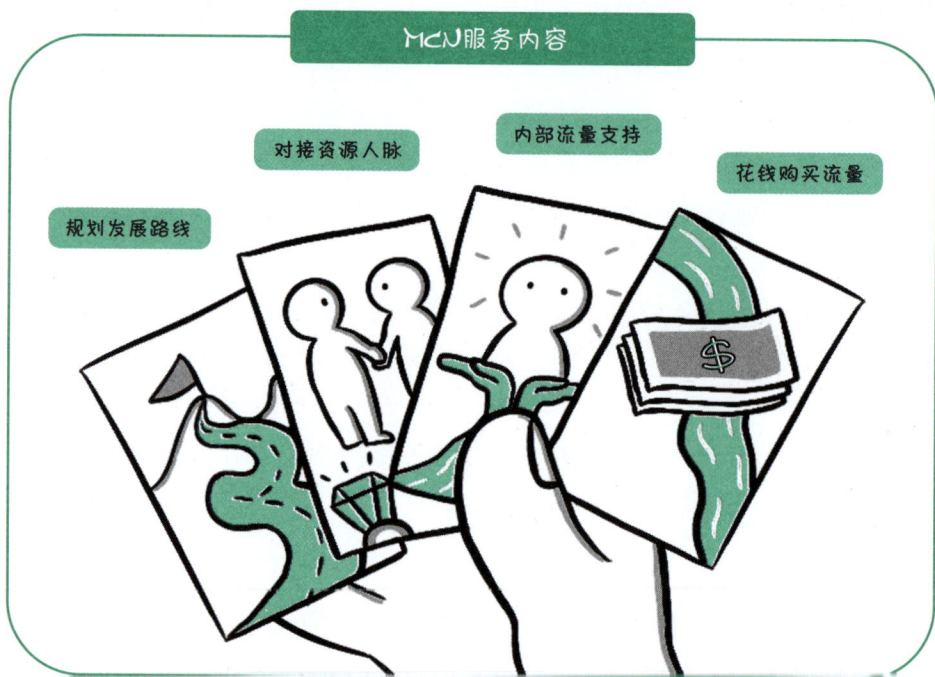

我们认为，好的 MCN 可以帮想在特定平台打造个人品牌的素人提供以下服务。

（1）帮助新人规划相对合理的发展路线。

（2）借助 MCN 积累的资源和人脉，为新人提供各种曝光的机会。

（3）拿出 MCN 内部流量支持，带新人起步。

（4）投入经费，在平台为新人购买流量。

有没有注意到，MCN 和个人之间的关系，很像明星和经纪人之间的关系。这就是加入 MCN 机构的本质，你成为一家经纪人机构的下属成员，需要听从有经验的经纪人安排。

但是很多 MCN 机构，特别是在内容创作领域的 MCN 机构，自己也缺乏运营能力和流量资源，对签约成员的帮助很有限，更像是用各种合约把人圈在手里，赌这些人自己的造化。

好的 MCN 机构通过研究各个平台上的爆款、内容动向和规则变化，研究国内外短视频行业的趋势、动向，以及变现路径，能够为成员提供包括内容制作、版权管理、宣发推广、粉丝变现等一系列专业化服务。在找到有潜力的素人"生源"后，首先要让其加入网感训练营培训，用已有的经验帮新人迅速进入角色。经过两个月的培训期，如果新人后劲不足，可能要求他们轮岗，做文案或运营。

抖音舞蹈达人代古拉 K，10 天涨粉 500 万，21 天粉丝数突破 800 万，一个月内完成从素人抖音到现象级达人的转型。她所属的洋葱集团作为国内领先的 MCN 机构，擅长从零开始孵化素人账号，孵化出的办公室小野、小作、七舅脑爷、代古拉 K 等红人，此前基本都是纯素人。洋葱集团有能够帮助平台打造爆款内容的底层机制，这才是 MCN 获得平台支持的核心竞争力。

1.5

没有平台扶持，个人品牌可以怎样做

大平台其实都不愿意把精力放在刚刚起步的素人上，因为谁也不知道他能否持续稳定地产出内容，即便是 MCN 机构，也不愿意把精力投在没有证明过自己的素人上。

所以很多人会问：作为一个素人，我要打造个人品牌，该怎样做？

首先建议大家理性思考一下，你做好打造个人品牌的准备了吗？

你是觉得有了个人品牌更容易获得流量，更容易赚钱，有更多的人关注，所以想打造个人品牌？但你有没有想过打造个人品牌意味着你要超越 99.99% 的人，背后付出的成本和你所承担的竞争压力也要超过 99.99% 的人。

提醒本书的大部分读者，虽然你正在看这本书，但不一定意味着你就更容易打造出自己的个人品牌。打造个人品牌是一件需要付出长期的努力、巨大的成本，还伴有各种偶然性的事情。

如果你不具备体育天赋或娱乐天赋，希望通过在专业领域的积累打造个人品牌，请务必在有足够资深的专业积累之外，先培养表 1-3 中所列的大众化传播需要的技能。

表 1-3　适合打造个人品牌的大众化传播技能

技能类型	适合发展平台方向
会写段子	适合微博、微信个人号、微信群运营
会写文章	适合微信公众号或今日头条运营
会图解	如PPT、手绘、手账、思维导图等 适合微博、微信群运营
会写长文章	适合图书出版，争取写出爆款图书
会朗读	适合声音主播
会演讲	适合线下大型公开课或特定分享舞台，如TEDx
会分享	适合线上教学直播平台或微信群分享
会表演	适合拍摄短视频
会推销	适合线下大型会销或网上直播

如果你具备以上任何一种能力，甚至多元化能力，那么你需要打磨你的能力，接近甚至远超你所在专业赛道最好的人。

你需要问自己以下三个问题。

（1）在我想打造的领域里面，有谁凭借_____能力在_____平台上成功了？

（2）我是否能通过模仿和练习，培养这种能力的稳定输出？

（3）我能否在这种能力中加入自己的特色或风格？

扪心三问，你准备好了吗？

对标人物　　模仿练习　　个人风格

如果只有专业知识或技能，你更适合做一个教练、内训师或学者；如果你拥有一样大众传媒喜欢的传播技能，并学会利用这种传播技能去讲解和分享你的专业知识，那么你就更容易吸引关心关注这个专业领域的受众，让他们成为你的粉丝或读者、听众，从而建立你的个人品牌势能的群众基础。

大部分打造个人品牌的人，不是只在专业领域精进，却没有打磨大众传播技能，就是把大众传播技能练习得不错，但是缺乏专业储备。前者打不开，后者走不远。

对于有专业积累、有传播才华的素人，打造个人品牌有 3 种策略。

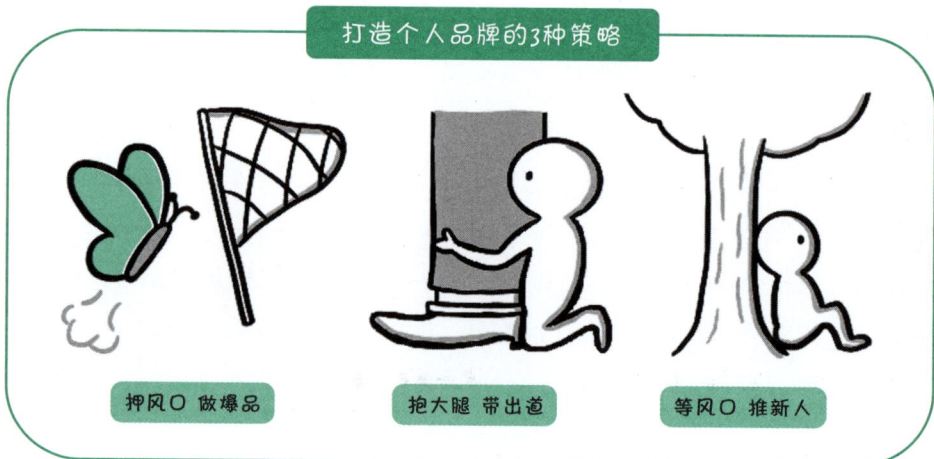

打造个人品牌的3种策略

押风口 做爆品　　　　抱大腿 带出道　　　　等风口 推新人

|1| 押风口，做爆品

秋叶大叔 2009 年刚刚入行做 PPT 培训时，就意识到即便自己成为一个非常好的 PPT 培训师，也不会有多少人知道他，还是要依赖培训中介机构。所以他调研了市场上的很多 PPT 图书，发现大部分图书都是 Word 排版风格，他觉得自己可以写出一本 PPT 排版风格的 PPT 图书，然后直接用视觉化思维去讲如何做好 PPT。这本书符合市场趋势，迅速把秋叶大叔在 PPT 圈的地位抬了起来，可以说因为一本书爆红而一炮走红。

|2| 抱大腿，带出道

现在很多视频 UP 主、直播主播红了以后就在直播间带新人，新人如果观众缘好，就可以慢慢做大自己的账号，拉人去自己的直播间，滚动发展更多的人。

"B 站百大 UP 主"敬汉卿，截至 2020 年 3 月，已经发布了近千条短视频，全网拥有超过 2 500 万粉丝，其中在 B 站上，有 790 万粉丝关注他。在他发布的视频中经常会带上孵化出的 UP 主——女胖胖、愤怒六娃等。现在，女胖胖这个账号在 B 站已经有 136 万粉丝关注了。这就是典型的抱大腿模式，靠前辈带自己出道。

| 3 | 等风口，推新人

很多在专业赛道上已经很厉害的前辈卡位，后来者在各种方法上都处于劣势，很难获得竞争优势，这也是一种前行卡位者的先发优势。一旦对方获得先发优势，考虑商业化变现之后，就会重点服务有支付能力的人群。

这样就意味着他们慢慢弱化了在没有支付能力的新人，或者还在潜在期的未来消费者中的影响，因为有支付能力的人群关注的侧重点和没有支付能力的人群是不一样的，不是每个有个人品牌的人都能做到全覆盖。

作为一个素人，有足够的时间和这些新人一起成长，在这些新人里慢慢积累自己的影响力，等这些新人真正成长起来了，变得有支付能力了，他们反而愿意认同和追随陪着自己一路成长的人。

李永乐，这位人大附中的物理老师如今成为网络上不折不扣的科普红人。他在网络上发布各种各样让中学生能听懂的科普视频，如"公元1年到10 000年之间究竟有多少个闰年？""从概率中算出掷骰子的胜负""考清华和买彩票中500万元哪个更难"，这些科普视频使课堂上听起来让人昏昏欲睡的知识点变得生动有趣，让中学生看得津津有味。因此，在短短两年的时间里，李永乐老师就积累了千万粉丝，视频播放量达到十几亿次，很多主流媒体如《人民日报》、央视新闻、观察者网，经常转载他的视频。

只要有耐心，总能等到新的风口和新的人群，得到新的上位机会。

2 赛道思维

如何在你选择的个人品牌赛道上变现

选择比努力更重要

只谈方向，不谈路径
还是没有办法变现

体育界、娱乐界的 IP，背后有产业金主投放广告，开展产品推广合作，如珠宝、服装、洗衣液、电器、化妆品等行业，都喜欢选明星代言。

绝大部分专业人士或内容创业者，很难吸引足够大的人群，因此也很难有机会吸引企业主让自己做代言，只能靠自己研发细分的目标人群需要的产品来获得收入。如果拥有个人品牌，那么同样的产品会获得品牌溢价，从而得到更好的商业回报。

专业人士或内容创业者做个人品牌，根本动力是要提高身价，从而把优质客户的服务客单价做起来；或者积累足够的势能，推出一款免费或低价爆款产品，吸引大量的潜在意向客户，从而衍生出后续的高客单价培训或咨询业务。

我们反复强调在打造个人品牌时，让大家走离钱最近的那条路。那么一个人找到自己的定位之后，到底哪条路是离钱最近的？怎样选择个人品牌的发展赛道？

选择比努力更重要

只谈方向，不谈路径
还是没有办法变现

人们常说选择比努力更重要，但只谈方向不谈路径还是没有办法变现。本课我们给大家分析赛道变现的思维，让能打造出个人品牌的人，使自己的影响力和势能最终落地变现，形成做个人品牌的一个闭环。

本课将系统介绍个人品牌运营的 7 个赛道，分别是教育、出版、培训、咨询、社群、网红和创始人。

2.1

个人品牌运营有哪些赛道

在娱乐、文化、体育明星之外，还有哪些赛道容易产生个人 IP ？

| 1 | 教育赛道：滚动开班，高单价获客，走规模效应

我认为最容易产生个人 IP 的是教育赛道，像李笑来、罗永浩、古典、李尚龙这些有影响力的人物，都是新东方名师，通过各种线下大课在学生心目中打下了很好的认同基础，然后通过出书、自媒体渠道，一步一步打开个人 IP 的各种可能。除了新东方，很多教育机构都在打造自己的教学名师，如文都考研的何凯文老师、网易有道的钟平老师，都是举企业之力推广、打造的名师。

教育赛道最容易打造出老师的个人品牌，因为教育是运营最重的一个赛道，需要做体系化运营，有能力把老师推荐到大量学员或家长面前。教育是滚动开班，能走规模，对比一下，一年招 5 000 名新生的高校比比皆是，但一年能招 5 000 学员的培训公司凤毛麟角。

做教育的投入非常大，需要构建"招生＋教学＋教务"三大体系，这决定了教育产品的价格很难做低。仅仅是教学，就包括教材教具、师资搭建、同伴环境、作业批改、学员答疑、教学考核等一整套体系，一个人全部搞定就无法标准化复制、做大规模。

需要提醒的是，教育赛道对有 IP 老师的依赖性不高，但对整个体系能力的要求很高。教育赛道一开始就冲着规模化复制，所以并不真正依赖具体的老师，明星老师是提高招生转化率的一个重要条件，但离开招生体系的大型会销组织、一对一私聊、电话短信、面谈关单，仅仅靠老师的个人魅力完成招生目标是很难的。

教育产品能接受相对高的价格，但如果学员或家长对老师没有产生认同感，就很难去选择他的课程。所以教育行业会应用线上直播或线下公开课的模式去招生，在这种试听模式下，有个人魅力的老师不但会圈粉，而且会带来很好的招生效果。如果企业不断用这种模式招生，那么有个人魅力的老师会得到越来越多的曝光机会，越来越多的宣讲机会，越来越多的粉丝，他形成个人品牌的概率也就越大。

另外，教育行业是按年龄段分的，做教育一定要找到企业要做的年龄段。从年龄段看，最早是早教，早教之后是幼教，接着是学前班、K12 等，之后是大学、考研、考证、考公务员等。现在的教育市场已经很饱和了，这些大品类都做完了，连出国留学都做得很成熟了。要想选择做教育赛道的个人品牌，一方面是找到新的需求和市场空白点，另一方面就是凭借一流的讲课能力，加入愿意培养名师的大平台，通过内部竞争得到扶持的机会。

秋叶大叔就是通过发现新市场抓住了打造个人品牌的机会。2008 年秋叶大叔就意识到教别人做 PPT 是一个细分市场，因为大学生毕业后步入工作岗位，很多人 PPT 都做不好。这一块市场，大学不会教、企业不愿教，社会线下办班成本太高，超出职场新人的支付预期，这就给了秋叶大叔通过线上打造个人品牌，提供学习产品变现的机会。目前秋叶团队在网易云课堂等网课平台上，付费课程学员总数 6 年来已经超过 40 万人，可以说卡住了 PPT 这一类别的头部。

|2| 出版赛道：我要一鸣惊人，快速打出影响力

对于专业性很强的知识 IP 来说，出版是打造个人品牌的一条捷径，但又往往容易被大家忽视。

传统的出版物就是纸质图书、报纸或期刊，是标准化产品，客单价低，方便读者自学相关知识。现在很多图书直接配有音频课或视频课供读者扫码学习。

出版物的不同形态

纸质　　　音频　　　视频

出版物如果能抓住市场热点，就能有很大的发行量，一本书甚至能卖上百万册，可以迅速让一个人的影响力放大千百倍。如古典老师编写的《拆掉思维的墙》，迅速得到了读者认同，口碑相传，发行超过 100 万册，他的知名度和影响力也就迅速起来了。同样，秋叶大叔也是编写了畅销书《说服力——让你的 PPT 会说话》后才慢慢打出了个人品牌。

素人作者编写一本真正有品质的图书，借助出版社的力量打造自己的个人品牌是一条可行度很高的路径。因为对作者而言，写出一本好书需要付出时间，写作过程也是对自己专业经验的总结过程，不管能否出版，都实现了对自己的全方位的总结。如果出版了，即便不能大卖，对很多人来说也圆了出书的梦想。如果图书写得好，得到出版社重点推广，就有可能给作者带来完全不一样的可能。

"妈妈点赞"联合创始人何小英和米妈就是因为成功出版图书打开了自己的事业赛道。2018年两位妈妈从原单位辞职，准备专注家庭教育领域，当时她们没有业内知名度，怎么办？秋叶大叔建议她们把自己过去积累的家庭教育经验好好总结写成书。2018年中旬，《不急不吼轻松养出好孩子》出版了，该书抓住了家长的痛点，很快销量就破5万册。现在，何小英和米妈围绕图书读者不断扩大影响力、发展合伙人，事业赛道已经打通了"图书+网课+线上训练营+线下认证课+家长游学班"的产品矩阵。

需要提醒大家的是，不仅纸质图书是出版物，其实音频课、视频课也可视作"出版物"。和图书一样，这些产品要形成销量必须依赖平台进行销售，依赖书评大号进行推荐，特别是结合平台一起搞大促，通过促销来放量。"樊登读书会"属于"音频+图文"产品，通过全国渠道代理商拿货进行销售，一到"双11""双12"就大力度打折促销，和图书产品的运营模式很像。

很多人对教育、培训、出版、咨询这些赛道往往分不清楚。大家觉得它们都在教育别人、帮助别人、让别人成长，都是做教育，其实不然。教育行业的基本游戏规则是老师必须要接触学生，进行各种服务。而出版行业的作者和读者，往往缺乏直接联系，要产生联系必须做其他的运营活动。各种纸质出版物，如报纸、杂志，作者一样很难直接和读者建立联系。

这样来看，"得到"App做的是知识付费业务，本质上是出版，不管它的产品是图文、音频，还是视频，实质上可视作"出版物"。

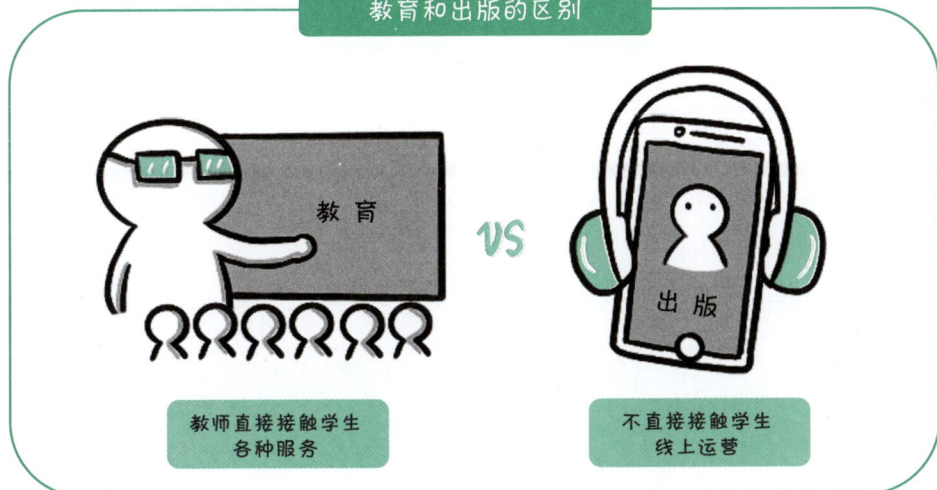

教育和出版的区别

教育 vs 出版

教师直接接触学生
各种服务

不直接接触学生
线上运营

把图书内容升级改造成网课产品，给大家感觉是教育产品，价格有溢价空间。教育产品因为服务重，只能滚动开班，一次服务一批人，能容纳更多的服务商。出版是打磨标准化产品，一次做完反复销售，特别是电子出版物，理论上复制的边际成本趋近于零。作者写了一本书，希望多卖一点，这样稿费分成就会高。老师做了一门课，也希望能把它卖给一千万人，使一次性的工作成果能够不断销售。

|3| 培训赛道：最容易赚钱也最容易看到天花板

培训一般是短周期课程，帮学员突破关键点。教育行业可以大规模开班，但对培训师来说，一场线下课要来几百人都非常有挑战，除非发展渠道做大型会销。对大部分培训师而言，培训课程是很难走量的，一年能出去讲课的天数也有限。

培训是一个普通人赚钱最快的方法，只要把人招起来了开课，马上就能赚钱。好的培训师一天的课酬往往超过普通工薪阶层一个月的收入，所以培训师相对工薪阶层是很容易赚到钱的。但因为无法走量，课酬也很难涨到超出行业客户的支付能力，所以培训师收入的天花板非常容易看到。

培训行业和教育行业对老师的要求不一样，教育对老师的要求不高，但对教学标准体系的要求很高，老师能够严格按照标准化教学体系教学，就能保证一定的教学质量。但培训行业对老师的要求很高，培训效果非常依赖老师的个人能力，对教学体系要求极低，一个人就能上课。培训师也不需要养商务，拿一个好的教学大纲就可以直接联系中介公司约课。很多培训师就是空中飞人，哪有课就去哪上，看起来很光鲜。但培训师忙起来其实比全职累，经常飞来飞去，每天站着上课，晚上还要备课，是在拼体力，很多培训师干几年就干不动了。

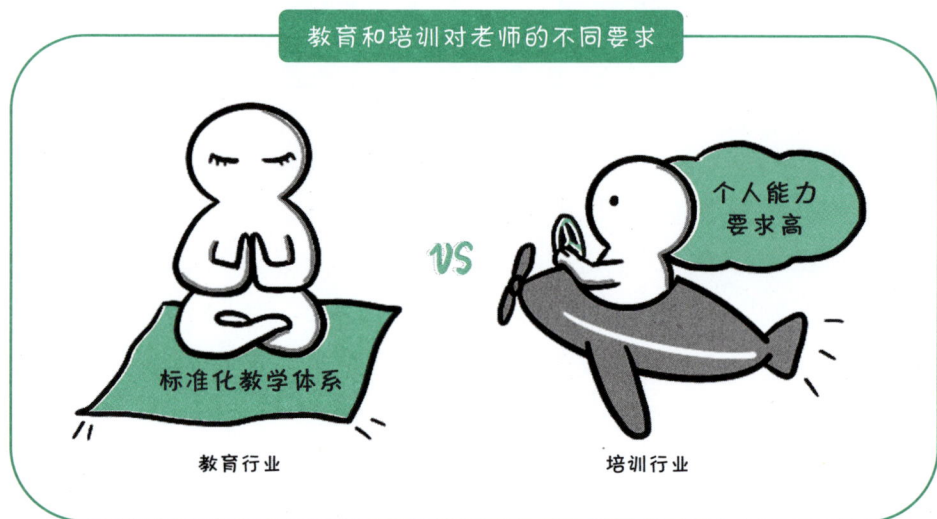

教育和培训对老师的不同要求

个人能力要求高

标准化教学体系

教育行业　　　　　　　培训行业

因为培训师名气越大，课酬越高，课约越多，所以培训师群体是非常想打造个人品牌的，但问题是培训师往往非常忙，没有精力做个人品牌，也不知道如何管理团队帮自己做个人品牌，这就形成了矛盾。

| 4 | 咨询赛道：用专业知识为高质量用户提供个性化解决方案

咨询赛道分个人咨询和企业咨询。咨询行业是非常依赖个人能力的，谁能够快速地帮当事人做诊断、出方案、解决问题，谁就能赢得客户的信任。咨询行业看重优质客户的口碑介绍，所以不追求规模，一般是找到一个好客户，争取建立长期的服务关系。

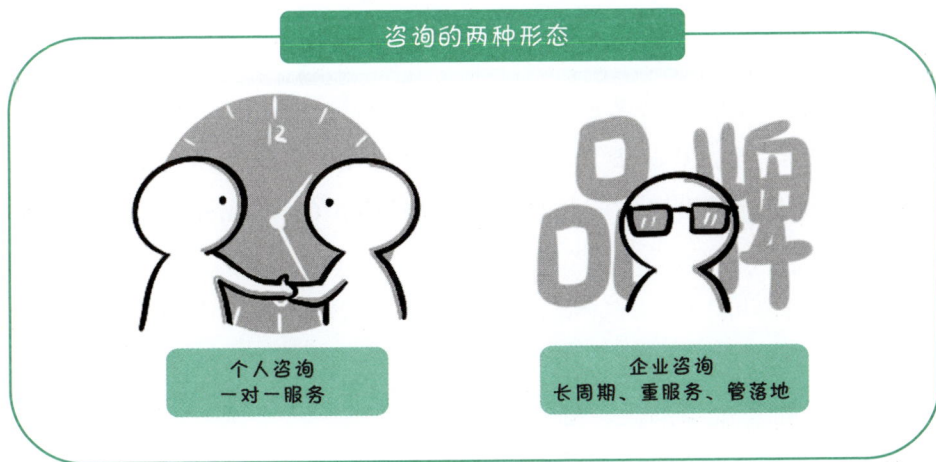

个人咨询就是一对一辅导，需要时间和人力，如心理辅导、理财规划。因为咨询需要一对一服务，所以很难有效率。只有价格高才能让咨询师有更高的收入。咨询师很需要个人品牌来帮助自己获取高客单价客户。

企业咨询如领导力咨询、品牌咨询、战略咨询、营销咨询，一个案子单价可以高达 1 000 万元，但是要求咨询公司管落地。所以企业咨询一般是长周期、重服务，更重视咨询公司的品牌。在个人品牌建设领域，咨询公司更重视创始人的个人品牌打造。

有个平台叫"在行"，它的模式是让有经验的人利用自己的业余时间，让用户约咨询。但通过这种方式想获得高客单价用户很难，对于有足够客户资源的咨询师来说，很难通过这个渠道获客，这种模式只能是新手咨询师的练手方式。

还有一种方式是做轻咨询，让咨询成为正式培训的导流过程。一般来说，是约一个低价咨询，但是服务边界有限，如果客户觉得老师讲得很好，又不过瘾，那么就约老师的高单价产品。反过来也成立，高价咨询项目先做一期低价培训课程，让客户认可老师的咨询理念，再付费做高价咨询。

|5|社群赛道：小圈子的意见领袖，朋友圈里的种草达人

关键意见领袖的英文简称是 KOL（Key Opinion Leader），但有一类人影响力没有意见领袖那么大，也没有自媒体，但在自己的圈子里很受认同，这样的人叫社群 KOC（Key Opinion Consumer，关键意见消费者）。

擅长做社群的人，一般擅长人脉链接、运营策划、电商带货，他们不一定会写公开的自媒体，但在微信朋友圈和微信群写的内容很受社群成员喜欢，推荐的产品大家都愿意去购买。

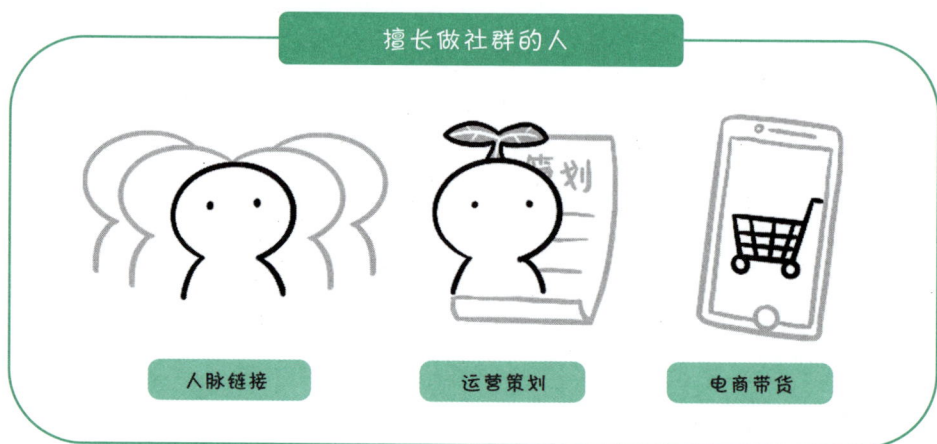

擅长做社群的人

人脉链接　　　　运营策划　　　　电商带货

"橙为"社群的创始人邻三月，就是这样一个人。她创建的"橙为"社群，汇聚了一二线城市的年轻人，他们一起成长、一起进步、一起为美好的生活努力，橙（成）为自己喜欢的样子。虽然她的社群规模不是特别大，全国经常参与"橙为"活动的核心人数不到 1 万人，但社群黏性特别高，做什么事情都是大家纷纷响应。她开邻三月流量经营闭门会，两天线下课收费 1 万元每人，有 400 多人抢着报名，能量超过很

多百万粉丝自媒体，她也因为擅长经营社群，给自己打造了非常明确的"社群运营专家"标签，很多大企业都约她合作，尝试各种社群电商模式的探索。

其实运营社群并不是新事物，企业俱乐部就可以看作是一种社群，而且是按会员付费制的社群，不同级别会员缴纳不同的会费，由运营者组织各种活动，邀请大家参与，这就是草根社群进一步专业化后的升级版。

很多微商也是基于社群模式运营的，微商会在社群中发展代理团队，形成基于社群的渠道联盟。做大的微商团队就会推出自己的产品选购平台，还有产品会员制，让社群成员变成优质商品的复购用户。好社群大概率会走向会员制，让会员在这里用更低的价格买到更好的服务、更好的体验，社群运营者可以凭借优质社群的黏性和传播力拿到更好的商业资源，带动团购，这是社群电商的玩法。

社群 KOL 或 KOC 打造个人品牌，难度会比较大，因为打造个人品牌需要有一个持续放大自己影响力的平台，要么是自媒体平台，要么是机构推广平台，如果没有平台支持，仅仅靠社群持续运营，就只能在小范围内传播，很难做大。

如果要通过社群打造自身的个人品牌，社群创始人要么拥有很强的新媒体推广能力，要么拥有很强的线下品牌活动系列化运营能力，给自己提升品牌势能。否则社群运营者很容易成就别人，使他人在自己的社群得到认同，自己则变成了有影响力的人背后出力的人。

｜6｜网红赛道：直播、短视频、带货，一个也不能少

淘宝上薇娅和李佳琦，快手上辛巴的成功，让无数人燃起了网红梦。娱乐明星和网红其实有很大不同，娱乐明星更侧重展现完美人设，所以需要和粉丝保持距离感，近距离曝光太多反而会失去新鲜感。而网红更侧重展现亲民人设，有一些让大家喜欢的接地气的点，群众更喜闻乐见。

所以网红给大家做直播，推荐自己也在用的产品或服务，会更有亲和力，就像身边的朋友给你推荐一样，他们推荐商品的成交率，不见得比明星差。

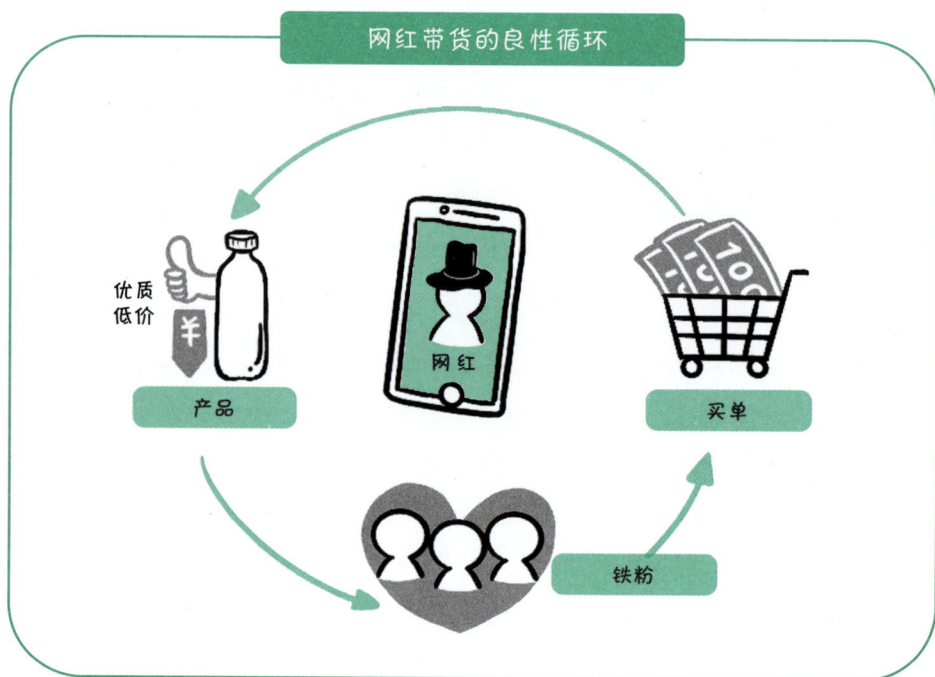

网红带货的良性循环

优质低价 产品 → 网红 → 买单 → 铁粉

　　今天批量诞生新网红的赛道是短视频，特别是像淘宝直播、抖音、快手这样的新平台，通过"短视频＋直播＋带货"模式，正在快速催生一大批带货新网红。网红的个人品牌背后是优质供应链的支持。如果网红能给自己的铁粉推荐优质的产品，超低的价格，那么就会吸引更多铁粉来消费。随着铁粉增多，出货能力提高，网红就可以通过供应链拿到更好的价格或福利支持，从而吸引更多的铁粉来买单，这就构成了一个良性循环。

　　在未来的电商生态中，精美图片＋海报、短文案、长文案、短视频、直播都会成为网红带货需要的推广模式。一个成功的网红背后必然会发展出一个强大的新媒体＋供应链团队来支撑运营。

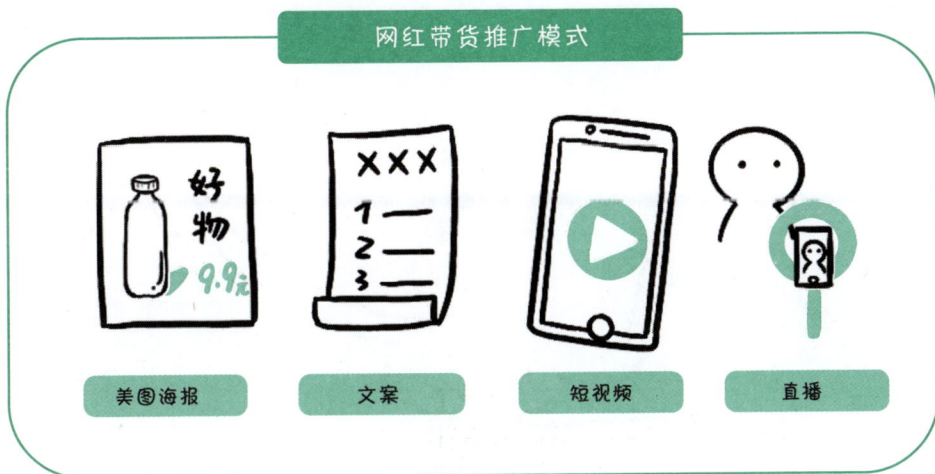

网红带货推广模式

美图海报　　文案　　短视频　　直播

知识型 IP 转型网红有很大的障碍，第一个障碍来自身份障碍，一个专业型人士，开始直接推销产品，会让人对自己的专业性产生利益相关性质疑；第二个障碍来自认同障碍，专业型人士更多对同行、对自己是专业认同，如果让自己变成一个有强大的推销能力的人，需要自己先说服自己；第三个障碍来自能力障碍，很多专业人士不一定会讲课，会讲课的不一定会销售，会销售的不一定会直播，要玩转网红打法，其实需要完全不一样的能力，这对很多知识型 IP 构成了巨大的挑战。

不过网红比的是带货势能，势能大的时候大家都想约你合作，势能过去的时候大家马上约新冒出来的人，如果稍微不努力就很容易被淘汰。知识型 IP 虽然很难像网红一样爆红，但是知识积累的门槛很高，别人想快速取代也有很大难度，所以可以说是不同的赛道适合不同的人。

| 7 | 创始人赛道：打造个人人设，带动消费者认同

对于企业创始人来说，尤其是规模为 3 000 万元到 10 亿元的企业创始人，他们打造个人品牌的价值是什么呢？

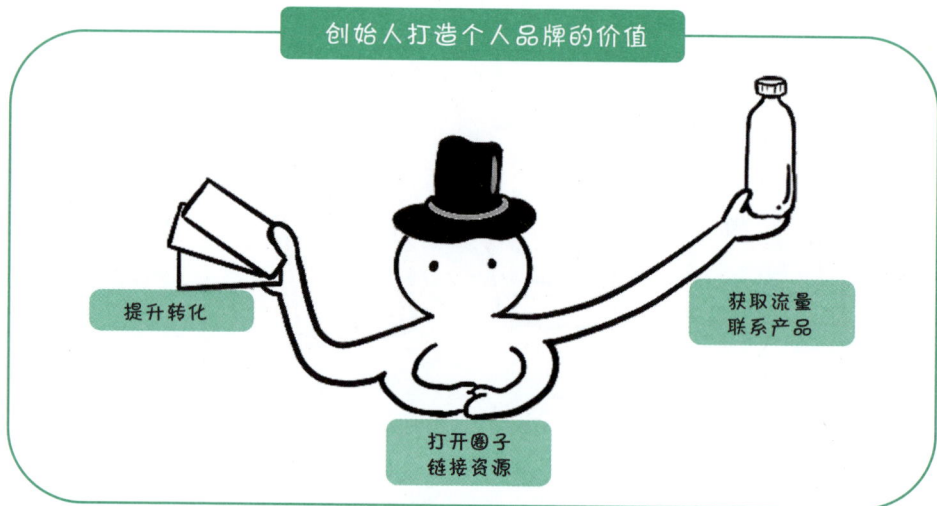

创始人打造个人品牌的价值

提升转化

获取流量
联系产品

打开圈子
链接资源

第一，打开圈子。提高自己的势能，方便链接更多更好的商业资源。

第二，获取流量。有个性的企业创始人，他的个性展示会让消费者把他的个性和他的产品联系起来，他的产品借助他的人格魅力，会得到更好的传播。

第三，提升转化。打造有个性的人设，企业创始人在电商直播带货时，会提高流量转化率。

创始人不可能花费太多时间去写文章、拍短视频或搞直播，顶多是培养团队去写文章、拍短视频、搞直播。但创始人在打造个人品牌方面依然有很多工作可以做，如发布个人新闻到有影响力的媒体，安排接受知名新媒体团队的视频采访，定期搜索个人百度搜索结果，最好没有负面信息，有个人的百度百科词条等。创始人可以请人写个人品牌故事。每个企业创始人背后都有创业故事，应该把这些故事到处分享。特别是遇到各种媒体采访，这种优质故事应该提前整理好，包括各种活动的照片，方便别人作为素材使用。如果创始人自己不会写，就请记者来做访谈，或者请一些自媒体做访谈。

良好的个人形象照能给创始人加分，每年定期拍摄一组形象照，用于幅面海报、图书封面、大型背景墙、真人立板等不同场合。

企业创始人应该主动拍一组优质的分享视频，分享话题可以借鉴TEDx、"一席"等栏目，总之要有一定的质量，然后到处分发，争取形成一些金句到处流传。当然企业创始人也可以参加一些电视节目，借助电视节目的专业性提升自己的分享档次。"橙为"创始人邻三月就在湖北电视台《创业青年说》节目做过分享，这个视频被电视台分享到很多平台，如腾讯视频、微博、爱奇艺等，带来很好的传播影响力，在百度上搜"邻三月 创业青年说"就能检索到。

创始人如果养成用碎片化时间坚持运营自己的微博和朋友圈，是很有好处的，通过朋友圈、微博发布行业观点，深度思考，参与公益，为社会热点发声，都有助自己建立一个更丰满的人设。表 2-1 总结了不同赛道的运营手法。

表 2-1　不同赛道的运营手法

赛道	产品	流量分发	运营手法
出版	系列书、课	平台、大号	大促推广
培训	精品版权课	培训中介机构	让利优质渠道
教育	教学体系	投放广告	一对一推销 体验班转化
咨询	咨询服务	客户口碑	长期合作
社群	运营服务	朋友圈、微信圈	会员制
网红	直播	平台买量	持续运营
创始人	发布会、话题	公关推文	事件营销

以上介绍的就是个人品牌运营的七大赛道，只有看懂了赛道，才能选择打法。这七大赛道，可以分为知识 IP 和电商 IP 两个方向。

知识 IP 赛道包括教育、出版、培训、咨询。其中教育和出版依赖体系能力。教育产品价高，重服务；出版做低价，走单品爆款。培训和咨询师更依赖个人能力，只不过培训是短期合作多，咨询是长期合作多，都需要找到优质的付费客户。

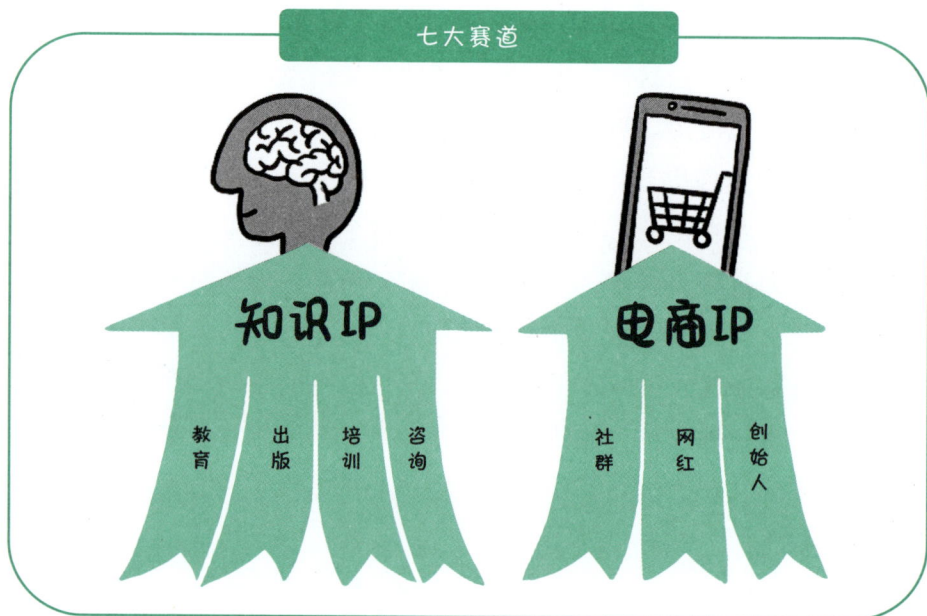

电商 IP 赛道包括社群、网红和创始人。社群靠圈子带货，网红靠流量带货，创始人主动代言自己的产品。网红更靠演技带货，创始人更靠个人魅力带货，创始人要让大家觉得他能代表某种符号、某种情怀，以此争取一部分消费者的认同。

社群是很多赛道的标配。社群就是圈子之间的人脉链接，一个人链接了不同的圈子，每个圈子的人都喜欢他，他做社群就有优势，在出版、教育、培训、咨询、网红、创始人赛道，都可以有自己的存在方式。

2.2

想做头部，有强手怎么办

在选择赛道的过程中，你发现自己想做的赛道有强手怎么办呢？很多朋友想打造个人品牌，却发现自己想做的方向已经有人做出了很有影响力的品牌，那自己还要不要做这个赛道？

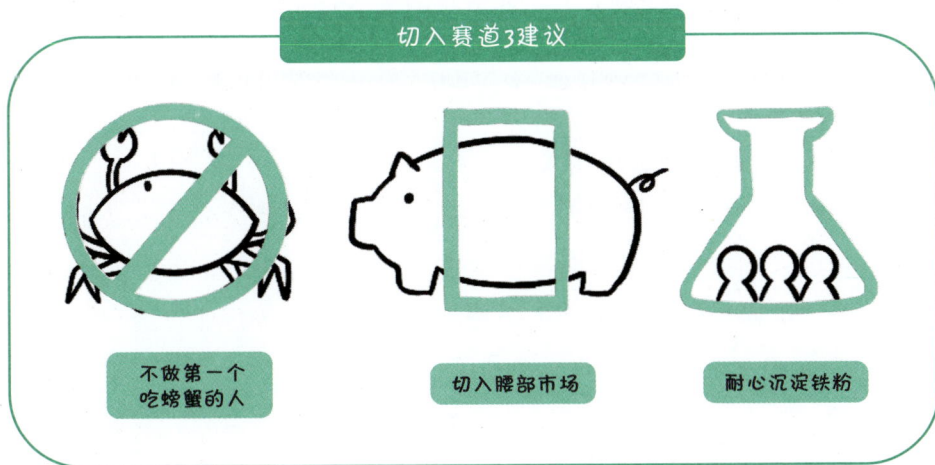

切入赛道3建议

不做第一个吃螃蟹的人　　　切入腰部市场　　　耐心沉淀铁粉

建议1：不做第一个吃螃蟹的人

很多朋友觉得与强手在一个赛道竞争机会不大，想选一个"无人区"去建设自己的个人品牌，回避和强手的直接竞争。

这个想法其实是不对的。一个赛道有强手就意味着有市场，而且这个强手越强越好。如果这个赛道有人做了100亿元，说明市场大，一定有强手没有满足的细分市场，哪怕这个细分市场只有1 000万元，对一个普通人来说也足够好好努力几年。就怕这个市场没厉害的人，结果你做来做去做不大，最后发现这个市场并不存在。

第一，没有人做的方向往往不是真没有人做，而是有人做过，发现没有回报，无法生存下来。我们选择一个空白领域前，首先要问问自己：为什么别人没有做这个市场。

第二，越有对标强手的赛道，越有细分市场需要开拓，而别人往往还没有精力和能力服务每一个细分市场，这正是你抓住细分市场，快速生存下来，滚动做大参与竞争的机会。

比如，在PPT领域，2008年的时候做得最好的一波人在论坛和博客上，秋叶大叔就选择去微博上打造自媒体，打开了一片新领域。秋叶大叔成功后，后来的小伙伴有的选择知乎平台，有的做 PPT 定制细分市场，有的选择视频网课细分市场，都有人成功做出了自己的影响力。这个市场之所以能容纳这么多人，首先是因为 PPT 市场还有一点规模，可以容纳。如果选择一个大家都不知道的领域去打造个人品牌，没有人和你抢，你很容易当第一，但也没有市场。

建议 2：选择腰部市场切入

头部市场规模大、用户多、收入高，所以强手都会先切入头部市场竞争，普通人如果贸然进入头部市场去打造个人品牌，难度非常大。

比如，英语赛道，一个素人英语老师，想在整个行业打造出自己的影响力，如果没有得到平台或企业的全力扶持，想后来居上难度非常大。还不如加入有影响力的企业，先想办法成为名企名师，积累足够的势能再打造个人品牌。但如果选择先成为一个城市的优秀英语老师，这个难度就小多了，这是一个很好的腰部市场，足够一个素人老师起步。

建议 3：耐心沉淀自己的铁粉，在积累期加速成长

很多人看到别人打造个人品牌的成功案例，总觉得别人是抓住机会一夜爆红，他们并没有看见为了能爆红，这些人过去所付出的努力和准备。

选择一个细分市场，耐心做出更好的内容和产品，通过服务留住铁粉，每天、每月、每年都努力增加认同铁粉的数量，让他们加入你身边的群，大家一起打气，一起成长，一起分享各种有趣的玩法，把自己个人品牌的群众基础打扎实，这一点非常重要。

有一群铁粉推着你前进，你的成长会加快，因为你要想办法给铁粉更好的服务和体验，让铁粉愿意支持你、成就你，这也需要你跑得更快、更好。一个人，一开始并不需要很高的收入、很大的流量，只需把现有的流量转化好，把个性的服务和体验做好，争取更合理的客单价就可以了。

不需要有流量焦虑，耐心沉淀真正认可你的人就好。"不二酱"创始人小红红没有自媒体，做的也是一个竞争超级激烈的赛道，她的策略就是慢慢发现真正喜欢不二酱口味的人，发展她们成为超级会员，定期组织团购，慢慢把铁粉留住。一年做 1 000 个超级会员，两年就是 2 000 个超级会员，慢慢滚动下去，企业就可以发展起来。这个道理其实和做个人品牌的道理是一样的，先要有一个沉淀期，在这个时期，大家要加速成长，争取积累足够的势能进行跃迁。

2.3

找到对标人物，是脱颖而出的捷径

如果你要打造一个个人品牌，建议你先搞清楚以下两个问题。

（1）在你选择的方向，你认为拥有个人品牌的人是谁？

（2）这个人为了打造个人品牌做了哪些积累？

绝大部分想打造个人品牌的人都花了很多时间想象自己要成功，但是很少花时间去研究成功者为了成功付出了什么。

秋叶大叔从畅销书作者到企业培训师，从微博大 V 到微信公众号头部，从系列在线爆款网课到系列口碑在线训练营，从个人 IP 到团队 IP 矩阵，从知识付费到社群电商，好多网友说秋叶大叔总能提前把握风口，卡准内容创业的每一个赛道趋势。

秋叶大叔不是天才，他只是习惯在决心投入之前，做全面深入的战略思考。比如，他在 2009 年决定要切入 PPT 领域前，做了一件事：把当时国内 PPT 做得好的人（有 30 多人）的博客看了一遍，研究他们的运营模式的成功之处和潜在缺陷，然后规划自己的打法。

就好像在出发远征前，你心里有了一张路线规划图，遇到困难时顺着地图找方向，就基本不会在战略上出大问题。能做好战术执行的人很多，但是能抓住战略发展关键点的人的确稀缺。

很多人想成为 IP，但我们也发现很多想做 IP 的人，根本就没有针对成功的牛人系统地做过功课。不能光羡慕牛人成长的过程快准狠，但不去真正思考别人成功背后的模式有哪些是真正可以借鉴的。个人 IP 打造需要学习别人的专长，更要学习别人的共性发展模式。学会了专长，你只能成为别人的学生；学会了发展模式，你才能画出自己的个人品牌成长地图。

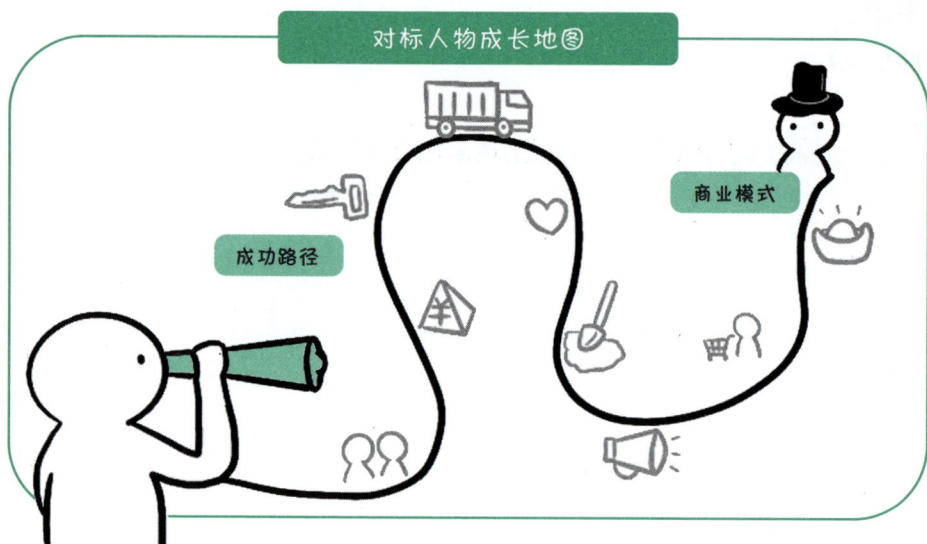

如果已经选好了赛道，那么接下来该怎么做呢？在找不到方向的时候，看看别人是如何一步步成功的，是一个很好的做法。这就是找到对标人物。对标的意思就是认真做市场调查，了解市场的真实情况；向行业领导者学习，拆解他的商业模式，看他是怎么成功的，他在哪个时间节点做了什么决策，怎么做的。分析他们成功的路径，总结自己可以借鉴的路径，是少走弯路最好的方式。任何一个赛道，都一定有自己行业的领军人物，一定要搞清楚这些领军人物是谁，研究他们的打法，要研究别人解决了什么问题，而不是获得了什么资源。

一开始就要研究对标的人。他为什么成功？他的流量是怎么来的？他的核心竞争力到底是什么？我能复制什么？甚至我用什么方法可以加速超越他？当你研究一个人的时候，研究他成功的事件是相对容易的，你要找到他成功背后的原因，这个原因找到了，你判断能不能复制的可靠性就大了。

比如，一个人要做手账的个人品牌，希望带货自己的手账，那么就需要去找手账这个行业的头部账户，拆解他们的商业模式。在手账领域，"趁早"的王潇就是一个很值得研究的对象。定价60元的"趁早"手账，年年迭代升级，销售周期从每年7月一直到元旦，零售不打折，批量大可以定制。

我们可以运用供应链思维拆解"趁早"手账。我们可以跟踪她的网店每个月的销量，一年有多少量，预测有多少销售收入，打听供应商生产成本。

我们可以运用产品经理思维拆解"趁早"手账。手账是什么定位？有什么特色？她的文案说明手账制作需要注意哪些细节？通过评论可以分析用户喜欢她手账的什么地方？

我们可以运用营销经理思维拆解"趁早"手账。手账文案怎样写的？发布节奏如何？不同时间段都发怎样的推文？有哪些推广形式？做了哪些推广活动？发布在哪些渠道上？效果如何？

我们可以运用运营经理思维拆解"趁早"手账。除了自有流量，有没有各种整合推广？有没有社群推广？如何激活老用户复购？

我们肯定不能完整了解对标人物的所有运营细节，但是带着多个思维框架去观察牛人的运营，会掌握非常多、非常有价值的信息。

找对标人物的时候，普通人容易犯几个错误。第一个错误是不思考别人的赛道，盲目对标，反而选错了自己的发展赛道。

对想打造自己个人品牌的知识IP来说，先选择好赛道很重要。赛道对了再去找对标人物，分析别人的策略和打法。

不能因为别人现在做教育很成功，你就一定要做教育赛道，因为人家可能经过了很多的积累才走到这一步。

假设一个人只有5年的工作经验，那么他应该走什么赛道比较好？

如果这个人特别能写，他就应该考虑是不是先去做自媒体，争取早点出版好书打造个人品牌影响力。但是在做好出版的同时，要马上规划，把线上网课、线下培训课程做好，建立完整的导流产品线。如果这个人不能写，但是会讲课，就可以考虑先去教育行业当老师，提高讲课的水平，练出气场后再出来做培训赚钱，赚到钱积累到人脉，再看要不要养团队做自媒体和出版。

本书作者秋叶大叔是怎样一步步做大个人品牌的？

论坛阶段：秋叶大叔从 2002 年开始玩论坛，当时作为一名"小虾米"，完全没有存在感，看别人在论坛上发帖，指点江山，觉得这些人像生活在另外一个世界。

博客阶段：秋叶大叔 2004 年就开通了博客，尝试做个人品牌，2008 年还和萧秋水合著了《个人网络品牌全攻略》。博客时代，秋叶大叔看到了时代的浪潮，费了很大力气做运营，也蹭热点、蹭 IP，尝试各种方向写各种题材，就想先创造阅读量，阅读量经常过百万。但结果呢，还是没有红，在网上有一点点存在感，没有什么收益，那个时代也缺乏变现渠道，当然那时秋叶大叔攒下了第一波铁粉。

出版阶段：秋叶大叔真正起步是 2009 年抓住了出版红利，2010 年开始出版了一系列爆款 PPT 图书，累计销量超 100 万册。

微博阶段：书的畅销带动了秋叶大叔的微博势能。2010 年到 2012 年，微博红极一时，多少人欢呼微博改变一切。秋叶大叔算是蹭到微博红利，第二波粉丝就来自这里。应该说微博带来的培训机会、链接的人脉，成就了今日的秋叶大叔——让秋叶大叔有机会凝聚一帮人打造秋叶 PPT。

微信公众号阶段：2013 年秋叶大叔转型微信公众号，做秋叶 PPT 卡位，但也没有放弃微博运营，第二次抓住了时代浪潮。2020 年年初，微信公众号矩阵不知不觉累积了 250 万粉丝，也打下了秋叶团队影响力最坚实的基础。

秋叶商学院阶段：2018 年开始，秋叶大叔开始尝试运营更多职场刚需课程，打造了一系列职场课程和书籍，开始孵化更多优秀老师打造个人 IP。

秋叶大叔一开始只是做了自媒体，图书火了以后，他才把个人微博运营起来，然后慢慢从微博到微信，从微信到头条，从头条到短视频，有了流量基础；他又培养了团队，一起做了在线教育和线下的秋叶商学院。秋叶大叔现在是培训、出版、教育同时启动，但如果没有在前面打下基础，把势能做起来，他不会选择多面出击。

每个人的起步阶段不一样，资源不一样，能力积累不一样，自己的优势在哪里，赛道怎么打，从哪里出发，并没有标准答案，需要自己来做判断。

总的来说，做出版是最容易赚钱的，而且它的现金流的消耗几乎是零，因为只要大家愿意写就可以了。如果选择做教育，建议先到别人那里打工学艺，因为做教育自己单干，就意味着得自己养团队，一般人不具备这样的实力。

当你没有方向，不知道市场在哪里的时候，走离钱最近的路就对了。找最容易赚到钱的路，就是你现在应该去干的事情。

2.4
谁说钱少就不能做调研

有的朋友想做个人品牌，觉得自己没有办法做调研。一是对行业了解不足，不知道调研从哪里做起；二是调研跟踪头部账户也费时费力，不是那么容易；三是自己不是做市场营销专业出身的，不懂。

其实知识型 IP 赛道有一个最简单的调研方法——去头部平台看有没有对应的细分频道，这些细分频道里有没有人做得很好。

不管你做什么方向，如果你想知道有没有可能在抖音上做出影响力，那么你就去看抖音排行榜，首先看有没有你这个方向的榜单，这是一个很好的了解方式。如果有，一个个去研究榜单上的大号。他们做什么内容，卖什么产品，运营采取怎样的模式？如果没有榜单，那么看看相关榜单里面有没有和你方向接近、做得不错的大号，一样去研究一下。

对于知识型 IP，还有一个很好的渠道，就是去研究畅销图书。图书品类越多的市场，容纳个人品牌的空间就越大。一个领域有多少本畅销书，就能容纳多少个个人 IP，甚至更多。

做市场调研要搞清楚 3 件事。

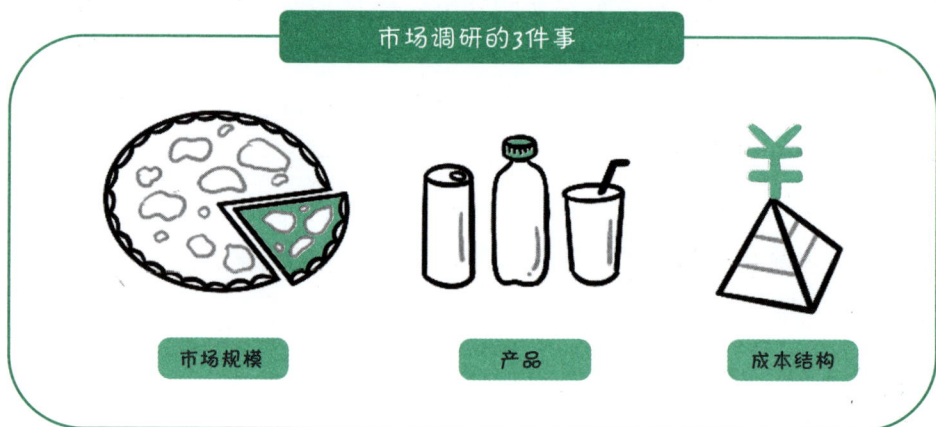

市场调研的3件事

市场规模　　　产品　　　成本结构

第一，市场规模大不大，有没有潜力，跟你的能力匹不匹配，跟你的预期匹不匹配？

第二，市场上有什么产品在卖，能卖多少，产品有什么优点，有什么缺点？

第三，竞争对手的成本结构。

很多人调查产品时会被历史销量误导，我们需要关心的是现在能不能找到真实付费的用户还在增长的证据，如果真实用户还在稳定增长，那么这个产品就是有希望的。

很多人做调研，会很快发现他人的产品这里不足、那里不足，其实他人的产品能生存下来，甚至容忍各种不足，不见得是不知道问题，而是做了综合平衡。我们应该多思考他人产品的优势在哪里，如何弥补这些不足。

很多人做市场调研，只调研了有没有市场，产品有没有需求，却没有思考自己的优势在哪里，更没有思考是否能用同样的成本结构搞定业务。

我们再来看一下秋叶大叔当年切入PPT赛道的时候，是如何做市场调研的。2008年年底，一次很偶然的机会，刘俊老师在上海问秋叶大叔能不能讲PPT，能讲的话，一天给5 000元。要知道当时秋叶大叔一个月的工资只有1 400元，讲一天PPT能赚5 000元，于是秋叶大叔告诉自己：不会也得会，因为这就叫离钱近的路。经过一番学习和钻研，秋叶大叔在2009年元月顺利地搞定了内训。这件事让秋叶大叔开始琢磨PPT培训能有多大的市场。有一件事情把他点醒了，因为他去调研了全国投影仪的销量，只要一个单位不断买投影仪，就一定会用PPT，所以投影仪的销量决定了企业用不用PPT开会。通过这个销售数据，秋叶大叔判断PPT市场未来会非常健康，所以后面的问题就是解决如何做出企业需要的PPT课程。

2013年，秋叶大叔团队开始做在线教育，市场调研也起了很大的作用。2012年底其实秋叶并没有下决心做网课，因为当时做网课主流是做视频课，秋叶大叔普通话不好，做视频课没有竞争力。不过秋叶大叔看到"罗辑思维"的罗振宇在2013年8月1日搞付费会员制，一个人200元，收5 000人，然后还有500个人收1 200元，一个晚上2个小时收了160万元。这个信号一放出来，秋叶大叔就看懂了，在大家还不知道什么是知识付费的时候，罗振宇的会员付费就表明，人们愿意为好的知识买单，不管它的形式是什么。于是秋叶大叔就开始做标准化的PPT图文网课，定价是99元。其实网课当时定价99元是很贵的，因为同类产品最贵的只有9.9元，往往还卖不掉。当时做PPT的图文教程大多数是免费分享给读者，让读者关注你的微信公众号。秋叶大叔当时为什么敢定 99 元？原因还是他做了市场调研。当时秋叶大叔出了一本书叫《和秋叶一起学 PPT》，定价 99 元，图书定这个价格对销量是没有很高期望的，但是没有想到这本书以 69 元的折扣价，半年销售了 2 万册。这说明这个市场有足够多的人愿意花 69 元买 PPT 的书，而价格上 99 元跟 69 元是一个档位，所以大叔就有信心用 99 元的价格去卖课。

看起来秋叶大叔是头脑一热就行动力十足地开干，其实秋叶大叔用自己的方式做了市场调研，拿到了市场数据。现实中很多人没有做充分的市场调研，大家都在不断地花精力去想我能不能干这个，能不能干那个。我们要通过市场调研和逻辑分析，把 99% 的选择都干掉，留下你唯一能做的、能做大的、能爆掉的、能够在某个点上让成本优化到比竞品低的方向去执行。

不要问你想做什么，通过调研回到最基础的商业思维——市场需要什么？你能否提供市场需要的产品？

2.5

是冠军战略，还是围城战略

如何选择你的赛道，有以下两个策略。

（1）选择受众面大，但是竞争强手也多的跑道，做笑到最后的那个人。

（2）选择受众面相对较小，但竞争压力也比较小的跑道，然后迅速借势切入更宽更长的跑道，转型。

第一条路起步难，但坚持下来回报也大，而且因为市场够大，即便标签不是足够大，也有空间让你生存下去；第二条路因为做了细分市场，对象比较少，打造标签比较容易，但市场偏小，如果要做大，就需要不断地腾笼换鸟，甚至升级标签。

明确了赛道方向后，就需要思考怎样切入这个赛道做个人品牌。有两种打法，一种是冠军战略，投入巨大的资源，高举高打，一举打出个人影响力；另一种是围城战略，积累力量，日拱一卒，每天让一部分人知道你。

如果你要切入一个足够大的细分市场，你又有足够的积累，那就应该想办法卡位头部。抢占头部的方式就是打造爆品，让市场上所有的人一下子看见你，想和你链接，和你合作，快速把势能打开。

例如，很多人打造个人品牌选择写书，但是他们的目标更多地是写出一本书，然后卖掉，但是打造个人品牌的目标应该是写出一本能卖爆的书。

怎样才能写出一本能卖爆的书？我们要思考一系列问题。

（1）书名应该怎么起？封面应该怎么设计？装帧应该怎么做？内文怎么排版？

（2）方向应该如何选择？目录应该如何设计？内容应该如何组织？能否植入优势资源一起传播？

（3）网店推广怎么做？签售会怎么开？社群读书怎么玩？节奏怎么掌控？

也就是我们要提前用产品思维、市场思维、营销思维去打磨一本书，让它能成为爆款，而不是觉得自己写得很不错，能感动自己就出版。一定要想尽一切方法把能想到的细节做到最好，争取能感动市场。

一本能成为爆款的书在出版后的短时间内，用流量推、用人脉推、用资源砸，一旦成功，马上增加后续产品，滚动做大，这就是冠军战略的打法。

这种打法要求作者过去积累了一定的影响力、势能和流量，还有很好的人脉资源，很强的营销推广和供应链项目组织管理能力，把优势资源聚焦在一个点上，把单品打爆，让更多的人看见你的势能快速提升，从而吸引更多优势资源与你合作，然后带动更大的影响力传播，借势滚动，一举打入某个领域的头部。

不仅图书、网课，简单的文创产品都可以用这种打法。像做新媒体的运营社，在 2019 年策划了《新媒体运营知识地图》，定价 49.9 元，短短的 2 个月就卖了 5 万份，引起了全网关注，大家纷纷学习这个玩法，推出了自己的专业知识地图，一时间各行各业的知识地图都出来了，但是都很难达到运营社的销量。

为什么同样的打法，运营社的产品能成为爆款，其他机构的知识地图就不行呢？

首先，运营社在过去两年的线下活动中每次都把这个地图印在背景墙上，在网上多次分享过 PDF 版地图，产品被反复曝光，大家也都很认可这个知识地图，这意味着产品有很长时间的势能积累。

其次，为了卖掉地图，运营社找了很多相关账号帮忙推广分销，因为运营社在长期的线下活动中积累了很多优质的资源，所以在推广阶段这些资源都很愿意帮运营社推广。

最后，运营社自身就是新媒体运营领域的流量大号，自带流量，在推广期间每篇文章都变着花样地进行广告推广，对提升销量非常有帮助。

后来很多机构和运营社出知识地图，但是都没有爆品。原因除了产品同质化，产品缺乏新鲜度以外，也与产品缺乏品牌积累、缺乏流量基础、缺乏人脉支持有很大的关系。

冠军战略的策略就是要提前攒势能，将其积累到一个高点，一举打爆，房地产捂盘也是这个原理。房地产的楼是怎么卖掉的？大量预约人，约到同一天来楼盘排队，排队的人越多，房子越好卖。所以越是要高举高打，越是要提前把势能攒起来。很多时候不是人没有势能，而是没有攒势能，没有把这些人脉关系和流量集中在一个合适的时机去用，平均用力无法和拳头的威力相提并论。

如果你缺乏足够的势能积累，那么可以选择围城战略。看准一个大目标，把它当成一场战役，分解成无数个小战斗，一场一场去拿下，一场一场去争取，如果每一场都能给自己的影响力攒一点势能，攒一点新粉，就是进步。

不要看着谁红了，就觉得自己发展慢了。任何一个赛道的个人品牌，三年冒出来，已经算快的了。有多少人能三年爆红？大部分人是努力30年也红不了。一旦心态平和，就不会因为结果而患得患失，一篇篇写好文章，一本本出好书，一场场做好分享，一个个和铁粉沟通，就能慢慢把自己的影响力扎实有效地沉淀下来。

为什么有人做个人品牌能沉淀铁粉，有些人只是几篇文章赶上风口阅读量爆了，爆了以后就过去了？就是因为每个人都会看着你是否坚持在一个赛道沉淀，并一直在努力成长，并且真的有成长。另外一点就是你在打造个人品牌早期是否愿意花费大量的时间一对一和你的铁粉交流互动，打造你的核心粉丝团。不要把大量时间花费在所谓圈子应酬里面，在个人品牌势能不够强的时候，要愿意做角落里的人，忍受成长的寂寞，耐心沉淀，等待属于自己的风口到来。

个人积累的过程，其实就是一点点沉淀势能的过程，每隔一段时间，要把这些势能攒起来，通过某个事件引爆，让大家看见你的成长。在一个小范围做一次高举高打，成为大家心目中的冠军，从而吸引更多人了解你、支持你，获得更多的资源和机会，然后进入下一轮沉淀。打造个人品牌就是一个"先围城战略，再冠军战略，又围城战略"的循环，在一轮又一轮循环中，个人品牌也就不断实现影响力的向上跃迁。

普通人往往有一点流量就着急用，不是慌慌张张担心错过了，就是随随便便浪费掉了，每一次都没有好好策划，没有让流量引爆势能，打造出让别人看得见的冠军事件，这是非常可惜的。

2019年喜马拉雅"123知识节"，秋叶团队和其他团队一起，帮李海峰老师把DISC线上训练营产品冲到第一。这运用的就是冠军打法，把所有的能量、所有的人脉、所有的资源积累在一起再抢第一。你们知道喜马拉雅"123知识节"第二名是谁吗？明明就在第一下面，但大家都不太记得它是谁，这就是冠军的价值。争就要争第一，拿不下第一就容易被忘掉。但问题不是你想争第一就能争第一，所以我们的做法是先围城，一点一点地积累小牌，然后把这些牌囤着，关键时候打一把"王炸"。

为什么秋叶团队能帮李海峰老师把DISC训练营打爆，是因为整个2019年秋叶团队在一个一个地囤学员，一个班一个班地招训练营，一个微信号一个微信号地服务粉丝，大家觉得我们还不错，我们再策划一件事，大家就愿意帮忙。如果没有这个耐心服务的基础，指望不断靠做裂变搞招生，学员规模起来得快，但信任流失得也快，下一次就打不动了，所以这里有一个节奏平衡的问题。

要用围城的打法养实力，用冠军的打法爆势能。

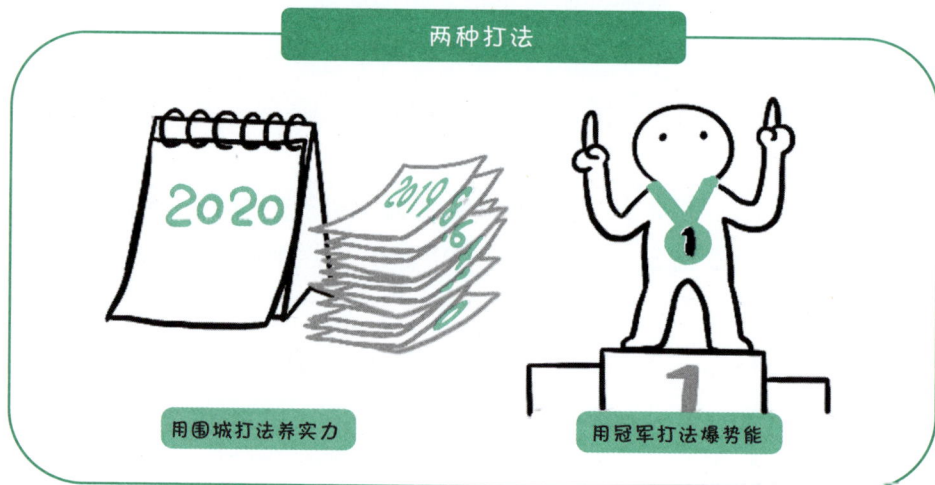

两种打法

用围城打法养实力　　用冠军打法爆势能

3 定位思维

请走离钱最近的那条路

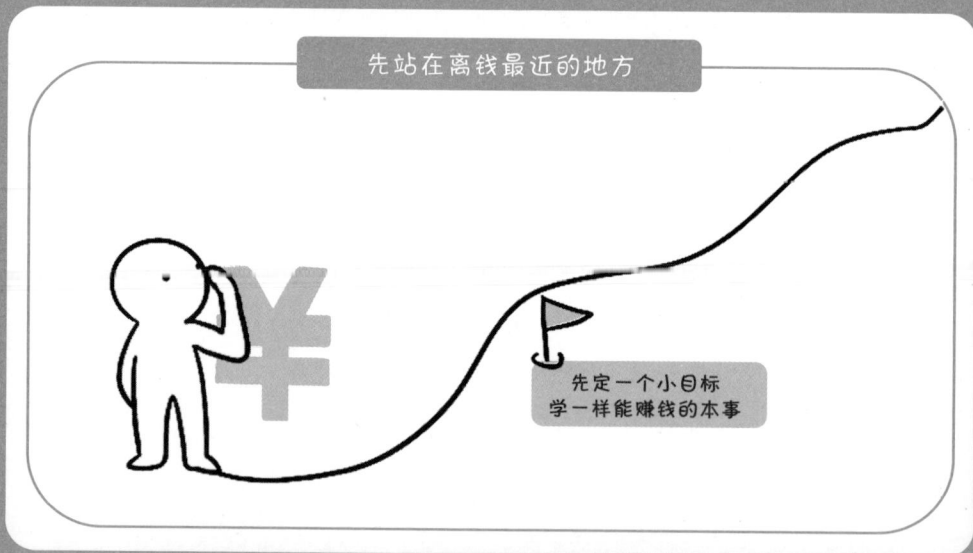

先站在离钱最近的地方

¥

先定一个小目标
学一样能赚钱的本事

3.1

你一定要打造个人品牌吗

很多人都想打造个人品牌，但很多人根本没有搞清楚自己要做什么个人品牌。我们不妨问自己一个问题，你的用户是 C 端用户（个人消费者），还是 B 端用户（企业）？

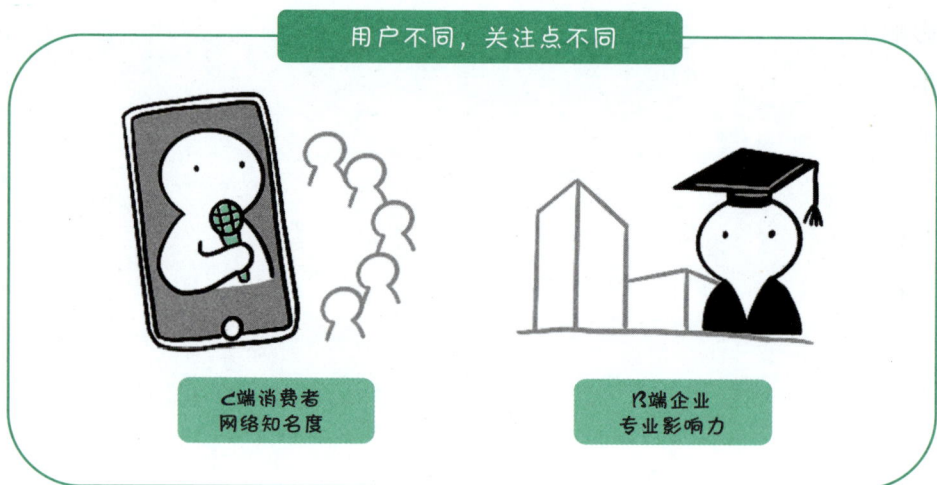

用户不同，关注点不同

C 端消费者
网络知名度

B 端企业
专业影响力

如果你的用户是 C 端用户，个人品牌往往是指你的网络影响力和网络上的人设认同度，如果认同度高，会大大增加你对用户的带货能力。如果你的用户是 B 端用户，那么个人品牌指的是你在专业领域的知名度，在专业领域知名度越高，被企业认同的概率越大。但是一个专业知名度很高的人，有可能在网上大部分人都不知道他是谁。比如，很多两院院士在自己的业务领域非常专业，非常知名，但院士在网上的知名度比不过一些网红。这并不意味着院士的实际能量比网红差，大家是在不同的领域发展，根本不具备可比性。很多人是要在专业领域打造专业影响力，不是去网上打造个人品牌。专业影响力就是你在专业领域的个人品牌，无非辐射的人圈子更小，但也更精准。

如果一个人的目标客户是 B 端，做个人品牌适合走打造专业影响力的路线，也就是拿下有影响力的职务或职位，发表有影响力的专业文章或著作，主持有行业地位的项目等。但做 B 端往往要求一个人低调。一个给甲方做项目的人，如果天天把自己的工作在微博上秀，估计没有一个甲方敢合作。所以专业人士的作风就是低调，默默服务好甲方，培养自己提供专业解决方案及顾问式的销售能力，在圈子里做口碑，而不是去网上做个人品牌。专业人士在网上出名，有可能是因为赶上热点就某些话题发表意见，一言不慎是非多。相信本书的很多读者其实要做专业影响力，不需要做网络 IP，但是你要理解我们讲的打造 IP 的方法，这不光对你做专业的影响力有启发，而且万一有一天你准备转型做培训师，做面向大众的专业顾问，这些方法你也用得上。

如果要深耕 C 端，就要做个人影响力，让大家愿意相信你，这就需要你借助某种传媒的力量打造自己在别人心目中的人设。今天最大的流量在网络，所以打造个人品牌的舞台更多是在网络媒体上。

即便你的方向是面向个人用户，你的赛道也适合做个人品牌，也不等于你适合打造个人品牌。打造个人品牌，大部分人的动力来自于想涨身价，又或者是利用势能提高产品销量，但是很多人并没有做好成为个人品牌的准备。很多人想着有了个人影响力，就可以做自由职业者，赚钱容易，工作轻松，这是一个误区。

打造网络个人品牌是一个作息时间极不规律的工作。只要一个人开始拥抱媒体，不管是什么媒体，很难做到不追热点。热点也不知道什么时候来，所以熬夜加班是家常便饭。一开始都说拼才华，到后来发现身体都拼不动了，很多人并没有意识到这条路非常考验一个人的精力和时间管理能力。

要保持对大众的高影响力，就得做高质量的输出。天天输出高质量的内容，才能让一个人的影响力慢慢变大，才会有各种商业利益的事情找上门，继而不得不花费大量时间去琢磨变现，越来越缺少时间去输入，久而久之，一个人就成为没有存货的人，或者是不断重复自己的人。

很多人高估了自己的积累，在这场内容输出的长跑中坚持不过三个月。

做了好的内容，发布出去，有人看有人点赞有阅读量，是好事。但更多时候，是你精心准备的内容，无人问津，数据惨淡到让你怀疑这个世界。很多人很容易被阅读量左右，今天阅读量爆了幻想自己也该红了，明天阅读量下去觉得成功遥遥无期。这种偶尔爆款、长期不温不火的状态非常折磨人，大家嘴上说要坚持，内心都怀着不切实际的期待，内容输出也容易被流量影响，没有价值观的流量反而会问题多多。

秋叶大叔早期做自媒体的时候，一旦出现爆文整个晚上就看数据刷新，特别激动，好像人生要因此改变了一样，后来发现博客爆过，微博爆过，微信公众号也 10 万 + 爆过，然而写完该干吗还得干吗，心态才慢慢变得平和。不平和又能怎样呢？生气又不能让你红。这种心态反复很容易造成人的情绪能量透支，不注意做好心理建设，个人品牌真的走不远。

有点影响力后，情商也要经受考验。个人影响力一大，就会得到粉丝信任，粉丝往往因为信任什么问题都找你，这样的事情多了，个人就容易膨胀，充满智力优越感；还有的读者会误解你的意思，攻击作者，让你生气，如果和读者互怼就容易充满戾气，失去平和理性。建议大家不要把精力用在怼让你生气的读者上，偶尔生气马上提醒自己不要犯傻，不要把时间浪费在不值得争吵的人身上。

如果要打造个人品牌，大家一定要想清楚，每个人都应该有打造自己个人品牌的意识，但不是每个人都需要做个人品牌。

3.2

用"斜杠青年"模式做个人品牌可行吗

"斜杠青年"是前几年很流行的一个词汇，来源于英文 Slash，出自

《纽约时报》专栏作家麦瑞克·阿尔伯撰写的书籍《双重职业》，指的是一群不再满足"专一职业"的生活方式，而选择拥有多重职业和身份的多元生活的人群。

这些人在自我介绍中会用斜杠来区分，例如，张三，记者 / 演员 / 摄影师，"斜杠"便成了他们的代名词。

很多人觉得这种生活方式很酷，自己的每一样兴趣都可以变成技能，出售给市场得到多元化的回报，而且在主业之外还能凭着一份副业赚钱，甚至钱也赚到了，个人品牌也养成了。

听起来很美好，问题是这个世界哪里有这么美好的事情？网上有很多人就问过秋叶大叔这样的问题：如何找到一个技能，给自己定位，快速有效地打造自己的个人品牌呢？

秋叶大叔一般都会回复请你忘掉个人品牌，把自己当一个大学生，老老实实开启自己的学习之路，好不好？

毕竟这个世界上的专业技能都需要漫长的学习和积累，很难速成。你很少会听到一个人说准备培养一样斜杠能力，做医生、做科学家、做工程师，因为要获得这方面的能力必须经过长期学习和系统训练，根本没有速成的方式。

所以大部分人能找到的技能其实是通用硬技能，如做 PPT、做 Excel、做手账、做手机摄影，这些是基于某一类广泛应用工具的技能，又或者是通用软技能，如高效学习、高效阅读、时间管理、写作、演讲、高情商沟通、情绪管理及性格分析、理财等，这些是某种通用软能力。

这些能力虽然入门较为容易，但要让你真正成为在这个细分领域冒尖的人，你必须付出和真正专业的人一样的投入去修炼。在成为专业领域顶尖人物的过程中，你会发现必须不断延展更多纵向或横向技能的学习，才能真正融会贯通，把核心技能做到出类拔萃，得到最优秀的 1% 的认可，进而具备辐射更多人的能力。

问题是大部分人连主业能力都做不到优秀，却希望做出斜杠事业，这不现实。现实是如果一个人没有本事，什么天都是寒冬天。能做出斜杠事业的人，一种是主业特别优秀，拿出在主业中锻炼的一样能力，结合某种斜杠技能进行放大；另一种是本身有某种斜杠能力发达，只不过暂时需要主业收入，所以"隐藏"了自己的该项能力，后来慢慢把自己真正的竞争力发挥出来了，也就不依赖主业生存了。

所以我们还是建议很多普通人，先不要问自己应该选什么方向，不要定给自己打造个人品牌这样的大目标，先站在离钱最近的地方，给自己定一个小目标，学一样能帮自己赚钱的本事。找不到自己的天赋领域，就先去把一个不讨厌的领域做到精通，有一碗安稳的饭吃，这也不坏。哪个技能现在学了，对你工作或生活中多赚一点钱有帮助，就先学哪个技能。一次学通一样，能赚钱了，再学习新的技能。在这个过程中，就会发现自己在一点一滴地进步和改变。

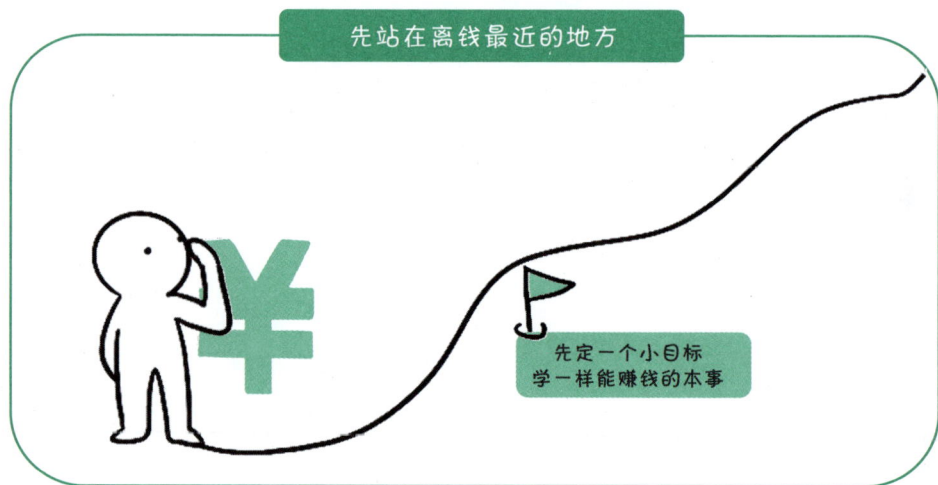

先站在离钱最近的地方

先定一个小目标
学一样能赚钱的本事

秋叶大叔从开始上班到工作了十年，都没有太多去想个人品牌的事情。这期间秋叶大叔只是简单地希望每年的收入比上一年增加一点点，所以主动做了很多不同的兼职，多赚一点小钱。结果秋叶大叔发现自己努力工作十年后，对职场的理解远远超过了一般人，这时再做分享、写文章，大家都说可读性强，就这样秋叶大叔慢慢打造出了个人品牌。

有没有人需要打造一个斜杠品牌呢？还真有。一个健身教练打造个人品牌的最佳方式就是成为最优秀的健身教练，但是在某些行业，如果一个人直接把自己的专长做成个人品牌，并不一定能吸引粉丝。如保险代理人，在圈内做百万圆桌精英代理人没有问题，在网上想打造最强保险代理人则会遇到一些困难。因为某些互联网平台是限制保险代理人内容的，这样直接做保险内容其实很难得到平台扶持。所以有的保险代理人就选择做育儿专家、家庭情感顾问，吸引了很多人关注和认同后，再慢慢找机会让别人了解自己的身份和职业，沉淀自己的用户。如果是因为这样去做斜杠青年，那倒是一种做个人品牌的好策略。

对普通人，我们的建议是不要管个人品牌，也不要管斜杠青年，就踏踏实实多学一样有用的技能，在工作中多赚钱，这才是正道。

3.3

标签效应：让别人清楚地知道你是谁

有很多网红是因为某个话题炒热的，话题过去，网红就不红了。不仅网红，很多明星似乎也没有太长的生命周期。有人形容他们是"流量明星"，有流量的时候是明星，没有流量的时候什么也不是。好的明星演员让别人记住靠的不是颜值，而是他塑造的角色，或者代表作品。好作品、好角色就是明星的个人标签，没有好作品的明星，就只能是"流量明星"。

要成长为一个 IP，除了一开始就要选择好跑道和平台，选对你的 IP 标签也很重要。

所谓标签，就是让别人记住你的关键词。

选对标签

让别人记住你的关键词

你需要在任何一个主流平台上面，想办法让大家一看到这个关键词，就联想到你。

一般在做个人品牌的时候，内容创业者都会给自身贴上一个主标签，如正面管教培训师。但问题是，看到"正面管教"这个关键词，大家是想不到你的，大家只能记住"正面管教"这个方法和方法的创始人，而不是一个培训师。

所以有的人会强调自己是这个领域最专业的，或者在某个区域是最强的，招生最多的，入行最早的，但是这种描述更像是自己对自己的肯定，用户对这种陈述是没有认知的，除非你反复灌输给他，直到他接受为止。

秋叶大叔刚开始打造个人品牌的时候，选的关键词是什么？是PPT。但是大家做PPT并不会想到秋叶，所以秋叶大叔创造了一个独一无二的标签：秋叶PPT。

选择"秋叶"是一个偶然，因为早在2002年秋叶大叔就给自己起了网名叫秋叶，那时连搜索引擎都没有，根本想不到以后互联网会有打造个人品牌这回事。但是"秋叶"这个名词作为网名，的确很讨人喜欢，和PPT这个技能标签链接在一起，反而成为一个独特的记忆点——做

PPT 就找秋叶。

秋叶大叔把"秋叶"跟"PPT"强行组合在一起，形成了一个独特的、唯一的词汇。在任何地方都去宣传"秋叶 PPT"这个独特唯一的词汇，并且出品有影响力的作品，策划有影响力的事件，慢慢让大家一想起 PPT，就想到"秋叶"这个人，一想起"秋叶"，就想到 PPT。选择秋叶其实也是一个很难的挑战，因为大众对秋叶的认知都是秋天的叶子，而不是 PPT。时至今日，很多人的认知已经被改变，看到秋叶就想到 PPT，秋叶 PPT 也从秋叶大叔的个人标签变成秋叶团队的标签。

想打造个人品牌，大家一定要注意，可以把自己的网名（艺名）与自身的能力定位组合起来，形成一个好记忆、令人印象深刻的、独特的标签。如年糕妈妈，年糕跟妈妈也是完全不搭界的，但组合标签一旦设计好，就会给留下很深刻的印象。如果你想到这样的独特好词，请一定要记得抢先注册商标，保护自己的商标权。

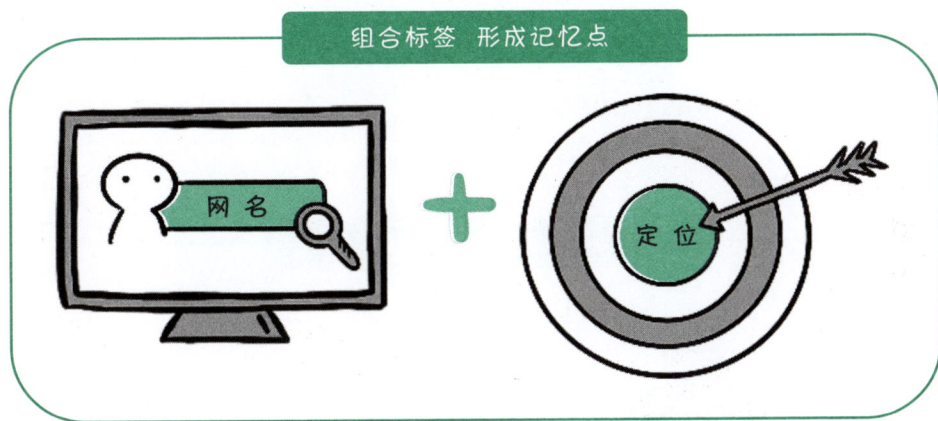

组合标签　形成记忆点

网名　＋　定位

大部分人在选择网名时都很随意，没有卡位标签的意识。很多人会起一个有个性的名字，如"发愤的土豆"，普通人很难通过"发愤的土豆"记住你的特长，需要为这个名字加上更多的关键词才能让人记住你要传递的信息，那么从传播角度来讲，这个名字的传播效率就很低。

另外，我们起网名要考虑的变量是潜在用户的搜索行为。如果一个网名作为关键词搜索流量非常大，那么它和你的技能关键词组合起来成为一个标签词，就有可能会给你带来很多自然流量。如很多人会搜"秋叶"，如果搜"秋叶"出现的结果里面有"秋叶PPT"的页面，就会给秋叶PPT带来自然流量。但大家也要注意，你在网上可能遇到的竞争页面也很多，你很可能排名非常靠后。

想打造个人标签，除了需要足够的时间积累专业知识，学会传播技能外，还必须有一样杀手锏传播专长。有大众欢迎的杀手锏传播专长才方便我们借助主流媒体去传播自己的标签，沉淀自己的个人影响力。例如，PPT是职场人都需要的，大家都会关注，秋叶大叔把PPT做成了传播载体，制作了大量PPT作品，设计精美、内容丰富，通过微博微信发布，吸引了更多的人传播和学习。成功的个人IP往往通过演讲、写作、出书、微课分享、线下培训等方式，吸引第一批粉丝，从而成功打造自身影响力。

围绕你的专长，设计个性化的标签，结合不同的新媒体平台策划有传播力的内容，不断提升你的个性化标签传播量，慢慢地大家就会记住你，开始把你和某一个品类联系在一起，这时你就是一个拥有标签的人。

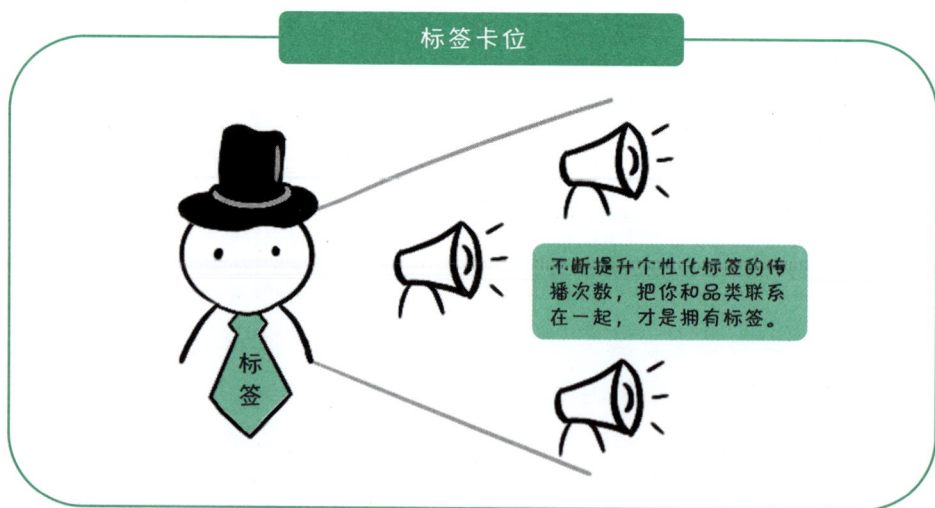

标签卡位

不断提升个性化标签的传播次数，把你和品类联系在一起，才是拥有标签。

我们"秋叶写书私房课"的徐洁同学，在 2016 年受邀在喜马拉雅开设付费音频课程《如何练就好声音》之前，可以说是一名素人。课程上线后立刻引爆全站，迅速吸引了 20 万＋的线上付费学员，课程销量突破千万，广受市场及用户好评。在课程成为爆款后，徐洁完成了同名书籍《如何练就好声音》的出版和线上线下培训课的研发，形成完整产业链，成功打造了"好声音教练徐洁"的个人标签。

所有标签都带自我锁定性质，以秋叶大叔为例，当大众对他的定位是"PPT 达人"的时候，秋叶大叔也就不能轻易地跑到第二个领域。随着个人影响力不断增大，个人的标签也存在升级的需要。像今天的秋叶大叔就不想继续用"PPT"做自己的关键词，秋叶大叔希望"秋叶 PPT"是团队关键词、产品关键词、品牌关键词。秋叶大叔不希望这一辈子自己的标签始终是"PPT 达人"，希望给自己一个新的标签，如成为一家成功企业"秋叶集团"或"秋叶商学院"的创始人。秋叶大叔在标签升级的过程中，也会遇到很多挑战，会出现关键词模糊不清的阶段，但这是秋叶大叔完成跃迁的必经一仗。不跃迁，你的标签也可能锁死你未来的成长空间。

3.4

长板效应：挖掘核心优势，让长板更长

秋叶大叔有一个"新木桶理论"，强调一个木桶在能装水之后应该先补长板，而不是先补短板。对照打造个人标签的理论，也是先把自己最具优势的一面充分展示出来，然后放大自己的优势。

一个普通的木桶由桶底、立板和桶箍 3 部分组成。想打造个人品牌，先要"把一个人活成一个团队"，必须要有很强的知识积累作为"底板"；

有大众需要的专长、新媒体传播能力、沟通合作能力等职场软能力作为"立板"，并且有把"一个人活成一个团队"的自我管理能力作为"桶箍"，紧紧地把"底板"和"立板"组建起来，才能有机会让个人品牌脱颖而出。

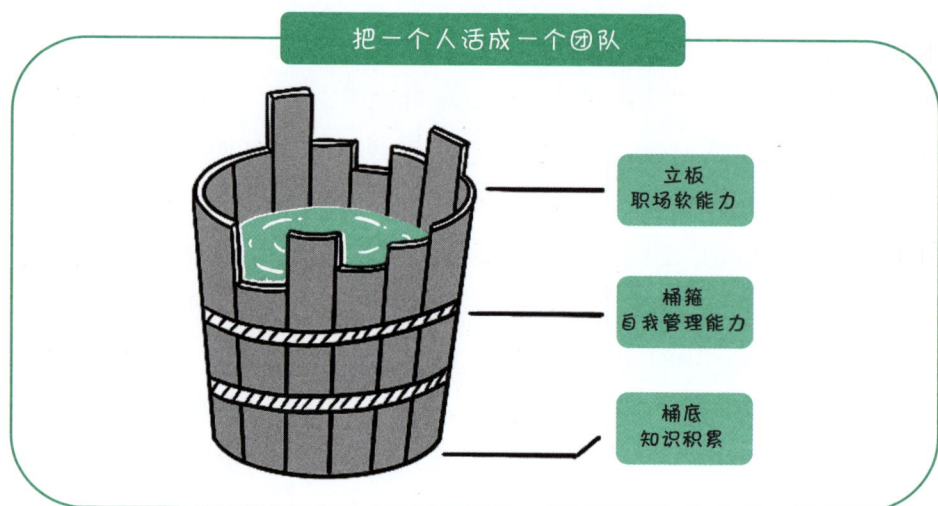

一个木桶的装水量是由短板决定的。但问题是如果有好多桶摆在你面前，你会选哪一个桶去装水呢？答案是你会选你看得见的那个桶。什么样的桶容易被看见？是长板上标签最鲜明的那个桶。

为什么很多人选择和秋叶团队定制 PPT？就是因为秋叶团队的 PPT 标签特别鲜明，知道的人特别多，他们一想起做 PPT，就很容易想到找秋叶团队。哪怕秋叶团队一开始能力不是最强的，但因为有高水平的 PPT 定制任务锻炼，团队能力的提升也是最快的，相当于把短板补齐了。这时候，有了水就会有钱，然后可以换掉"短板"或把"短板"补起来，这才是寻找资源的真正方法。

秋叶团队就是在自己的木桶还不大的时候，把标签写到长板上，而且想一切方法让这个长板更长，使秋叶团队定制 PPT"性价比高"成为市场的"认知势能"，让更多的人和企业看见，打开并占领市场。"秋叶

PPT"品牌关键词得到了更多的曝光后,得到了很多和世界500强企业客户合作的机会,团队也慢慢越做越大。这就是长板效应,有长板才能有关注,有关注才好交换资源,有资源才能补短板。

打造个人品牌的标签亦是如此,必须先打造"木桶(知识积累)",再思考这个"木桶"到底怎么"打水"(赚钱)的问题。从横向上看,木桶的容量取决于搭建起来的"立板",分别有长板、平板、短板。如秋叶PPT的新媒体营销、课程开发、PPT等广受欢迎,是为"长板";其次,写作、演讲、培训、带团队也不差,是为"平板";再者,现金流少、市场合作渠道缺乏是为"短板"。尽管新媒体营销、课程开发、PPT等项目比市场上的其他团队要略胜一筹,都是团队的长板,但是如果不拼命突出PPT这个"长板",而是平均用力的话,也不会发展得相对顺利。

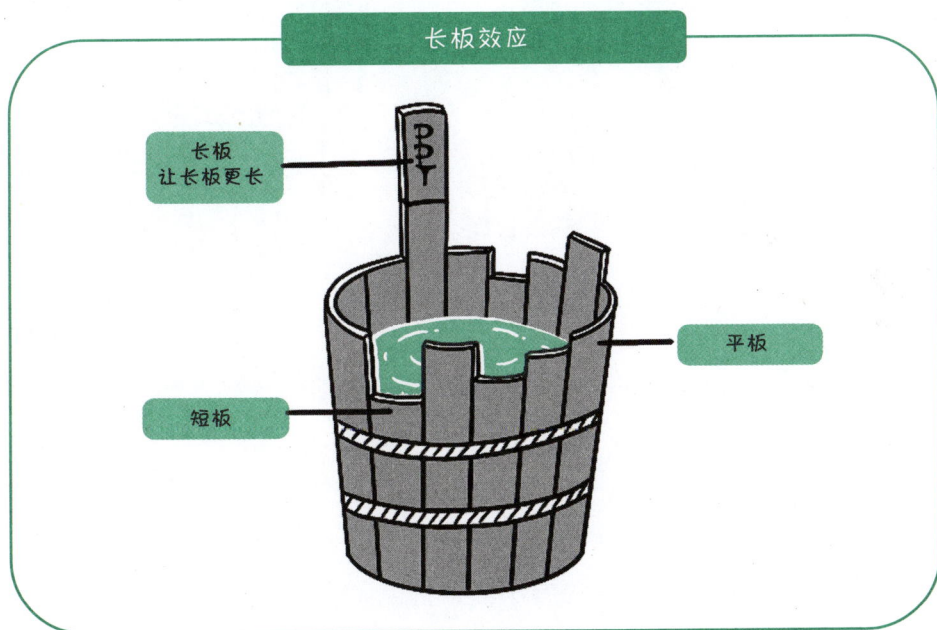

很多人在打造个人品牌的过程中,一直在加厚、加大他的"底板"。如有人想打造心理咨询师领域的个人品牌,会考各种证,学习各种技

能，忙了好几年，但依然没有人请他做心理咨询。这样的人一直在加厚他的底板，学历越来越高，证书越来越多，却"一滴水"也拿不到。想做心理咨询的个人品牌，你必须让别人知道你在做这方面的事情，并不断取得成绩，不断曝光沉淀大家对你的认知，让大家以后有这方面的需求就找你合作。

理解了秋叶大叔的新木桶理论，我们就理解了一个人升级个人品牌的路径。

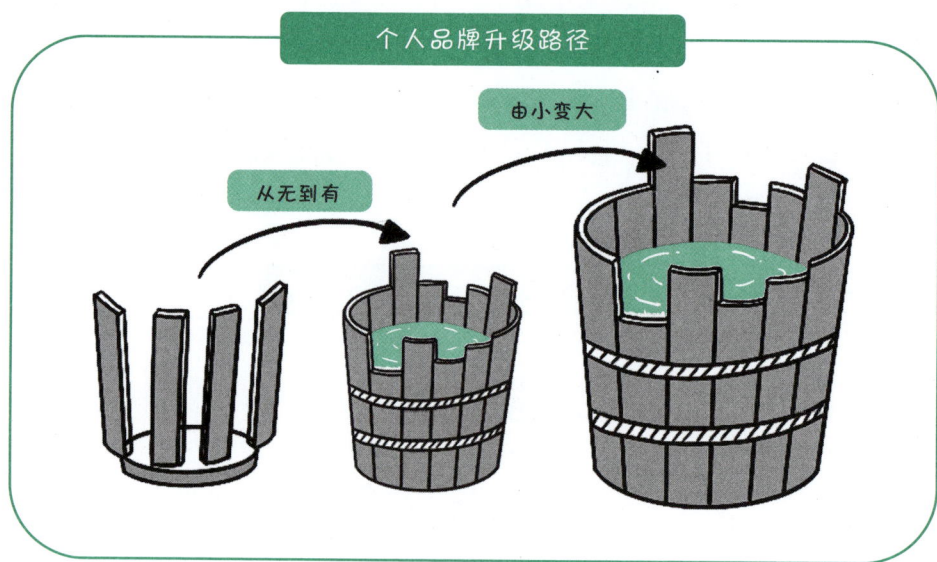

个人品牌升级路径

第一步，从无到有——先要有一个桶，哪怕桶再小，也要一开始就打造一个赚钱的"小木桶"，要思考你缺哪些木板，把多个"专业技术"的木板组建起来，使之成为一个真正意义上能装水的"桶"，千万不能做反复强化底板，就是不去把木板组合起来围成一个桶的事情。

第二步，由小变大——先有小桶，再换大桶。

有了一个木桶以后，很多人认为应该要去补齐"短板"，不让"短板"拖后腿。其实不然，应该充分发挥木桶的"长板"优势，避开"短板"缺陷，使木桶在即使有"短板"的情况下尽可能多地"装水"。也就是说，要抓住一切可能的机遇，充分发挥"长板"优势，抢到机会扩大个人品牌的影响力。

个人品牌成长路径就是从开始的能装一点点水——发展专业能力；到慢慢能多装一些水——发挥综合能力，成为项目经理；再到逐渐能装大半桶水——拥有运营能力，能够带着团队运转，变成一个企业家；最后到能装满桶水甚至换一个更大的桶——能够主动整合资源，发展更大的事业。

如果桶里的水一个人喝不完，可以分给有专业能力的人，使其成为"大木桶"上的一块长板。这就是很多人成功打造个人品牌，"把一个人活成了一个团队"的过程。

那么，制作一个最简单的木桶具体要思考哪些方面？

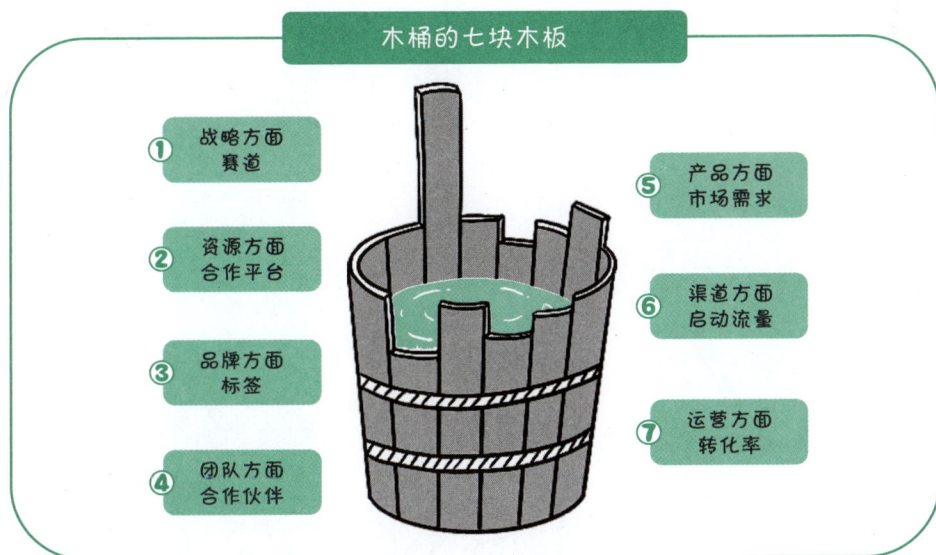

木桶的七块木板

① 战略方面 赛道
② 资源方面 合作平台
③ 品牌方面 标签
④ 团队方面 合作伙伴
⑤ 产品方面 市场需求
⑥ 渠道方面 启动流量
⑦ 运营方面 转化率

第一，战略方面：你的发展赛道是什么？

第二，资源方面：你的合作平台是哪一家？

第三，品牌方面：想让别人记住什么标签？

第四，团队方面：你需要找怎样的人合作？

第五，产品方面：你准备推出怎样的产品满足市场？

第六，渠道方面：如何找到冷启动的流量？

第七，运营方面：准备如何提高你的流量转化率？

这也就是本书的七个章节要替大家解决的问题，假如你有很好的积累（底板），那么搞定这七个问题，你才能得到完整木桶的七块木板。

3.5
光环效应：找到主关键词之外的副闪光词

为什么很多人非常专业，有很强的专业标签，但是有的人容易被大家喜欢和记住，有的人却不容易被记住？答案是普通人更喜欢有个性、有温度的人。

什么样的人有个性有温度？有趣的人。

做个有个性有温度的人

一系列特长　　ABC　　主标签　　共鸣的细节

什么样的人有趣？除了专业标签之外，他最好还有一系列大家佩服的特长，还有大家觉得有共鸣的细节，这样的人才有温度。

个人品牌 IP 营里的"写字教练"阿布老师，主标签是写字教练。除了字写得好之外，阿布老师还有一系列特长标签——声音好听、英文牛、折纸高手；除了特长标签之外，他还有很多让人有共鸣的细节——东北人，中年帅大叔，顾家男人，会卖萌，前民航飞机服务员，在上海租了一套面朝大海春暖花开的房子，一言不合就手写明信片寄给大家，喜欢吃"不二酱"。这些不是标签，但却是一个人身上的闪光点。

如果一个人的主标签让人佩服，大家会觉得他是一个专业人士。但如果一个人有好几样才华，而主标签特别突出的话，大家会觉得这个人多才多艺，更喜欢他，更想跟着他学更多。如果这个人身上还有很多闪光点，而且这些闪光点能让你特别有共鸣的话，你会因为这位专业人士和你自己特别像而快速产生认同感。

对比一下试试看，两位写字教练，一位字写得非常好，另一位字写得特别好，还会折纸，英文超级专业，去过全世界很多地方旅游，去过不丹，还和你一样爱吃"不二酱"，是东北老乡，你觉得你会选择和哪个教练学习？

假如你也是东北人，也爱吃"不二酱"，也去过不丹，会不会觉得阿布老师和你特别有共鸣？

如果你有一个非常拔尖的主标签，又有很多闪光的副标签，你又擅长把这些闪光点让网友、读者感知到，他们就会和你产生共鸣，共鸣点越多，他们就越喜欢你。

我们把这个叫作打造个人品牌时的"巴纳姆效应"。巴纳姆效应是1948 年由心理学家伯特伦·弗拉研究星座时，通过实验证明的一种心理学现象：人们常常认为一种笼统的、一般性的人格描述十分准确地揭示了自己的特点，当人们用一些普通、含糊不清、广泛的形容词来描述一个人的时候，人们往往很容易就接受这些描述，认为描述中所说的就是自己。

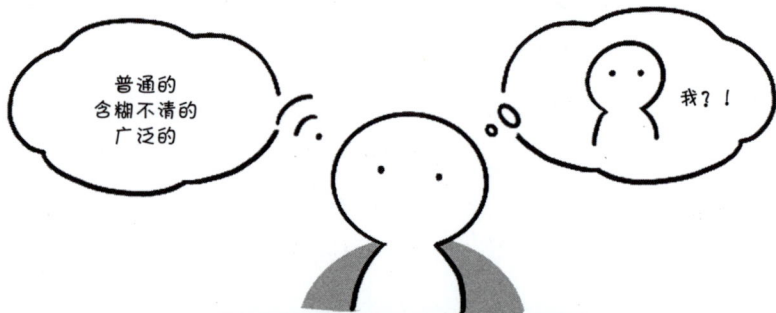

巴纳姆效应

普通的
含糊不清的
广泛的

我？！

人们常认为一种笼统的、一般性的人格
描述十分准确地揭示了自己的特点。

反过来说，一个人身上的闪光点越多，让别人觉得他和自己的共同点越多，别人就越容易对他产生信任感。很多专业人士在分享场合，展现的都是专业理性的一面，并没有让别人看到他身上的其他特质，所以很难圈粉。像大家后来发现撒贝宁身上有许多以前没发现的才华，其个人影响力反而远远超过了在《今日说法》做主持人的阶段。

每个人都应该在自己的主标签之外，给自己创造尽可能多的副标签，这些副标签就构成了你主标签之外的闪光点。

像秋叶团队的老秦，是《工作型 PPT 该这样做》的图书和网课作者，也是公认的 PPT 高手，同时他还有很多有趣的副标签——山西人，注意力一集中就喜欢蹲在凳子上码字，长得黑（黑得大家喊他是夜里打着灯笼都找不出来的男人），喜欢给人打鸡血，会讲课，后来人家把老秦的各种梗直接做了一套表情包，到处扩散。围绕你的闪光点，围绕你的"黑梗"，为你的铁粉做一套表情包，然后到处扩散，看看影响力如何？这也是一种非常有趣的个人品牌营销手法。

秋叶大叔也是一个副标签特别多的人——大学副教授，会做新媒体营销，畅销书作者，会写文案，黄冈人，水瓶座，普通话不好（大舌头），坚持日更，发际线保养得很好的中年男人，喜欢在朋友圈里带娃的二宝爸爸……这样的标签越多，大家越觉得秋叶大叔是一个活生生的人，更愿意和他打交道，这就是温度。

很多打造个人品牌的人，很想证明自己已经很厉害，喜欢在自己的主标签上加上第一、最好、某地最强之类的修饰词，这些都是在强化主标签。强化主标签当然有价值，细分主标签也有助于我们从一个小范围慢慢起步，慢慢做大个人影响力。但是如果只是在强化主标签，不能让大家看到你身上更多的闪光点，你的个人吸引力，或者说个人魅力是远远不够的。

所以打造个人品牌我们要做两类关键词，第一类是主关键词，是做方向，做标签，做长板的；第二类是副标签，关键词多一点，闪光点多一点，更好。打造副标签大家不一定要有那么大的压力，觉得非要出类拔萃才是好的副标签。我更愿意把副标签叫闪光点，你的闪光点可以很优秀，也可以让你的读者觉得很容易产生共鸣。我觉得对于闪光点来说，能让别人产生共鸣比优秀更重要，优秀会让别人敬而生畏，但共鸣却让人愿意跟随你。

共鸣比优秀更重要

优秀会让人敬而生畏　　　　共鸣才让人愿意跟随

做 IP 或个人品牌需要强化标签，展示自己的闪光点，这会让很多人不适应，毕竟很多人不习惯把自己的生活过多地展示给别人看，好像自己的生活是在表演一样。但也有很多人会刻意放大自己美好的一面，让人觉得自己特别优秀，特别成功。很多人的朋友圈看过去，总感觉不那么真实，因为太完美了。这个度要如何把握？我觉得多展示自己的主标签和闪光点是可以的，但是不能用欺骗和夸大的方式误导别人，要知道，如果别人觉得你很完美，一旦有一天发现你并没有那么完美，会特别地失望。

其实大家能容忍一个有个人品牌的人身上有不完美的地方，如秋叶大叔的普通话很糟糕，但今天这反而成为他的一种特色。秋叶大叔的日更文章还经常会出现一些小的失误，如错别字，有很多读者会在后台给秋叶大叔指出来，这时候读者就会觉得你特别真实，也会犯错误。

3.6

榜单效应：卡位关键词的口碑容器

很多人会拿出各种证书，说自己是 × × 师，证明自己卡位了标签。拥有证书不是卡位标签，拿到证书是阶段性事件，和发表一篇 10 万 + 的爆文没有什么区别，这件事值得恭喜，但和标签卡位没有关系。

还有很多人出版了一本书，或做了一门网课，提出了一个新概念，就说自己卡位成功，或者是 "× × ×" 创始人，这也不叫卡位，只是研发了一个产品，发布到一个影响力或大或小的平台。

所谓卡位了标签，要么是在主流搜索平台总能搜到你，要么是总能在有公信力的榜单上看到你。主流搜索平台的标签关键词搜索结果，或者公信力榜单发布结果，我们把它们叫作 "口碑容器"。

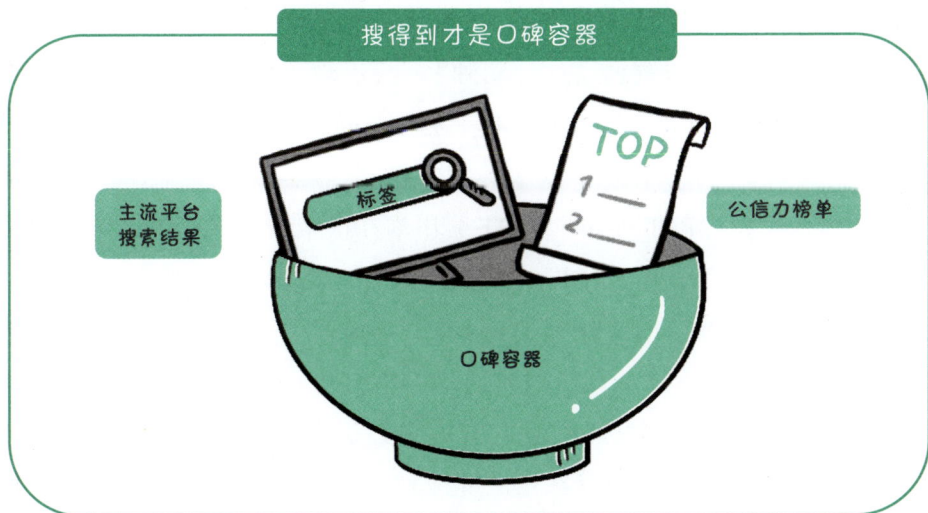

搜得到才是口碑容器

主流平台搜索结果

标签

TOP
1 ——
2 ——

公信力榜单

口碑容器

我认为用户好评不一定是口碑，能被潜在用户看到好评才是口碑。如很多人会对自己认可的产品发朋友圈进行表扬，但问题是除了他的好友，绝大部分人是没有机会看到这些好评的。随着时间的推移，这些好评就很容易淹没在信息流里。朋友圈的好评只有一种情况下才能被称为进入"口碑容器"，就是被截屏并取得用户授权，可以用于宣传。所以我们要想办法把好评、好口碑用某种形式在互联网上囤积起来，让大家想找的时候，能够找到。

为个人品牌设计的标签，一定要设想潜在用户是否会进行相应的搜索，会在哪里搜索，我们就要围绕这个搜索入口做优化，争取实现对我们有利的结果。

口碑容器是让人在任何一个平台搜，你的关键词不是第一就是第二。所有这些用户会搜索的地方，都一点一点地把长尾流量占下来，这就形成了口碑容器。

本书读者如果用手机百度搜关键词"PPT"，点开百度百科，会看到百科关键词上方的视频是秋叶团队的出品，搜 Excel 也一样。这就是关键词卡位。

如果用百度搜"秋叶"，在首页有秋叶大叔的微博链接，而且百科词条第一条就是秋叶大叔的介绍，这也是关键词卡位。

在淘宝上面搜关键词"秋叶老师"，会出现我们的专题页面，是淘宝好学为我们定制的，搜"和秋叶一起学 PPT"，出现的结果全部是我们的图书。

在微信里搜"PPT"，秋叶 PPT 会出现在搜索结果前三名。

在京东、当当上搜"PPT"，我们的图书一般稳定排名首页前列。

在网易云课堂上搜"PPT""Excel""Word"，我们的网课已得到最高推荐。

在用户经常访问的主流平台，我们想办法一个个平台地去做内容优化，让我们的内容自然出现在用户的搜索结果里面，而且符合用户的搜索预期。这就是卡位核心关键词的长尾流量。

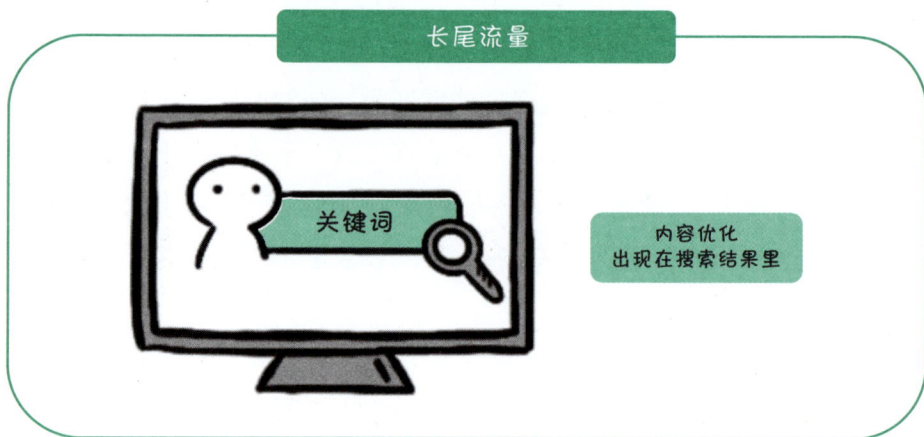

什么叫长尾？除了"PPT"，在微信里面搜"PPT 封面、PPT 动画、PPT 设计"，大家都能看到微信公众号秋叶 PPT 的历史文章，这就是长尾关键词打法。平时做内容运营，注意沉淀和品牌相关的内容，不断积累长尾关键词流量，然后慢慢把这个领域的长尾流量积累下来，就可以获得大量的免费流量，这也是卡位口碑容器的价值。

要注意，有搜索结果不一定是好事，还得看搜索结果是否是正面评价。像秋叶大叔团队，会定期安排人去主流平台搜索公司品牌关键词，如"秋叶、秋叶大叔、秋叶PPT、秋叶Excel、秋叶Word、秋叶书友会、秋叶商学院"，看看有没有负面信息。

当然，搞定这么多平台的关键词搜索结果，意味着庞大的新媒体内容运营投入，一开始可以从一个平台开始，规模大了再扩充。

理解这一点，还能帮我们评估一个平台是否真的适合帮你打造个人品牌。如果这个平台很容易被搜索到，或者网友有在这个平台搜索的习惯，那么这个平台值得考虑，否则在这样的平台上发布了课程并不代表什么，很可能是无效劳动。

另外一方面，个人品牌真做出影响力了，那么一定会出现在某个行业有公信力的榜单上。

我们买书常常看榜单，每一个品类都有新书榜、畅销榜、热销榜、上升最快的榜，你的书能入榜单就是有影响力的体现，如果能长期上榜单，就是影响力得到持续的体现。一个人经常出现在榜单上，就好比木桶的长板特别长，很容易被人看见，获得各种资源的链接。你老在好榜单上面，你就会被很多人看见，得到各种合作资源，这就是免费的流量，也是打造个人品牌的价值之一。

秋叶PPT的微信公众号每每被新榜、网易云笔记、印象笔记发布的优质微信公众号榜单推荐，就很容易被商业机构选中合作投放广告，洽谈各种潜在的合作。当然维持榜单排名有成本，你得持续产出好内容，否则不可能长期出现在榜单上。

要判断一个人有没有个人品牌，最简单的方法就是去搜索这个人的关键词，看看在主流平台上他有没有正面信息或好的内容，有没有一个有公信力的榜单会推荐这个人。

如果这些公信力比较高的地方都没有这个人的信息，那么无论这个人自己说自己多么厉害，都要打一个折扣。反过来说，一个人如果想打造个人品牌，就必须给自己定一个明确的目标，必须有好的关键词搜索结果，必须进好的公信力榜单，搞定这一步，个人品牌就初步确立了。

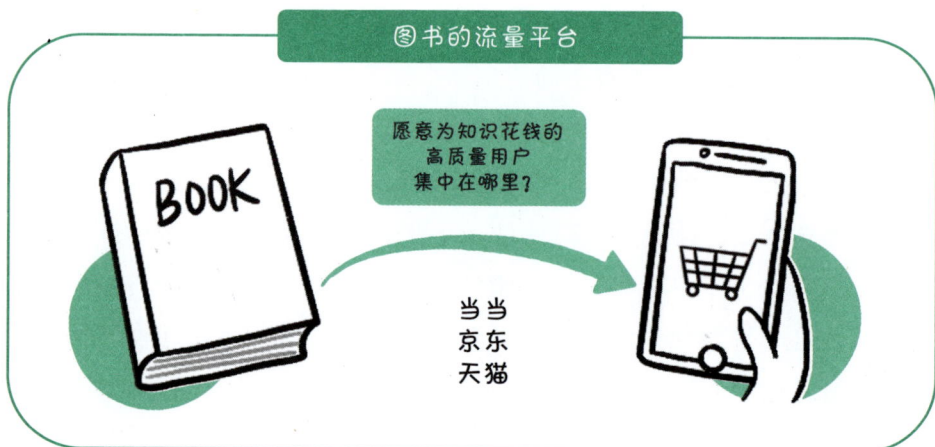
图书的流量平台

愿意为知识花钱的高质量用户集中在哪里？

BOOK

当当
京东
天猫

所以我经常强调做个人品牌的专业型朋友要写书。愿意为知识花钱的高质量的用户最集中的平台在哪里？是当当、京东、天猫图书。跑到这些平台搜专业关键词的人，都是愿意付费的竞争目标用户。如果大家认为很重要的关键词，在当当和京东上面搜，第一都是你的书，那么你的影响力做大的机会就大很多。而且图书销售会为你的个人影响力带来源源不断的新流量。

秋叶大叔的《高效学习 7 堂课》出版后，用了三个月时间，终于出现在当当网搜"高效学习"的首页第三名，这本书如果持续保持这个排名，就会带来大量的自然流量，给个人品牌带来很好的影响力。

不同的产品，其实都需要打造口碑容器，但不同的产品适合的口碑容器平台不一样。如果是书和电影，豆瓣是很重要的口碑容器；如果是商品，淘宝好评是很重要的口碑容器；如果是社群产品，优质老铁社群就是很重要的口碑容器。

如果卡到关键词的口碑容器，不管开始平台大不大，关键词排名结果是不是最优，咬住它，争取打爆。把你所有的时间、精力、资源、资金都投向这个点，你明显地把你的木板拉高，让所有人只看到你，看不见别人，这是一场流量竞争。

4 团队思维

如何搭建个人品牌运营团队

个人品牌成长路径

公司品牌

团队品牌

个人品牌

4.1
个人品牌，真的是一个人的品牌吗

当我们看到李佳琦在"双 11"5 分钟卖出 15 000 支口红，将马云"PK"掉的时候，我们往往会有一种误解，认为李佳琦这个人好厉害啊，一个人就能干这么大的项目。李佳琦真的是一个人的品牌吗？

其实这是一种典型的认知偏差，我们看到的"个人"不是一个人，为李佳琦服务的团队成员已超过 300 人。李佳琦更像是整个团队的超级大脑，是由团队努力支撑、在大众面前站出来的那个人。其中商务团队是他的四肢和神经网络，有专门负责产品初筛的小组、专门检查产品成分的小组、专门试吃试用的小组，每种商品的销售价格和佣金，也由商务团队早早与商家谈好。这些工作靠李佳琦一个人根本无法完成，只是在网文里往往喜欢强调李佳琦这个人多么拼，好像事情都是他一个人做的一样。

我们不能认为打造个人品牌就是"一个人"的品牌，其实应该是组建一个团队打造一个成功的个人品牌。成功的个人品牌背后，大都有一个优秀的团队。

打造个人品牌其实就是一次创业活动，启动的初期，我们需要把自己"一个人活成一个团队"，多方面发挥自身的能力优势，跑通一个最小的业务模型。

我们刚开始打造个人品牌的时候，品牌势能还非常弱，招募团队相对来说会比较困难，所以这时候以个人为主，通过自身的运营、对外的合作来提升个人品牌的影响力。常用的手段就是出书、开微课、做线下课，以及在各大新媒体平台上不断地发声。在人员不足的情况下，一个人可以"身兼数职"顶上。

启动初期"身兼数职"

多方位发挥自身优势，跑通一个最小的业务模型

　　2002 年，秋叶大叔一个人维护起了一个受欢迎的论坛，当时的做法是首先注册很多"马甲"，然后由其中一个"马甲 A"发帖，由"马甲 B"回帖，再由"马甲 C"进行批判，"马甲 D"顶帖……就这样由一个人先撑起了一个论坛的人气，并到处拿着人气帖广而告之，吸引更多的人参与论坛讨论，慢慢地论坛热闹起来，有更多的人来注册和使用论坛。这就是"一个人活成一个团队"的案例。

　　在内容创业时代，要想打造个人品牌，必须坚持在一个平台进行自媒体输出，不断沉淀粉丝，然后抓紧推出你的品牌网课或在线训练营，持续囤人招生，为了招生你要做海报、写推文、策划朋友圈、在微信群扩散，还要想办法请人合作招生放大规模，有了人学习还得把学员建群做社群运营，做好服务。一开始因为个人品牌势能小，变现规模不大，很难有资金去养团队，所以这些工作只能一个人去做，这就是"一个人活成一个团队"。

　　把业务模型跑通，有了足够的工作量，要把工作进行分解、细化，可以标准化分解给其他人做，而且能给其他人合理的回报，你就可以拿出收益招兵买马，做大团队规模，从而大家合力把个人品牌做起来。问题是很多人缺乏"跑通最小业务模型"的意识和能力，过多地把注意力放在抓风口、赚快钱上面，结果只能靠行动力抓一波风口上的快钱，没有办法沉淀出个人品牌。

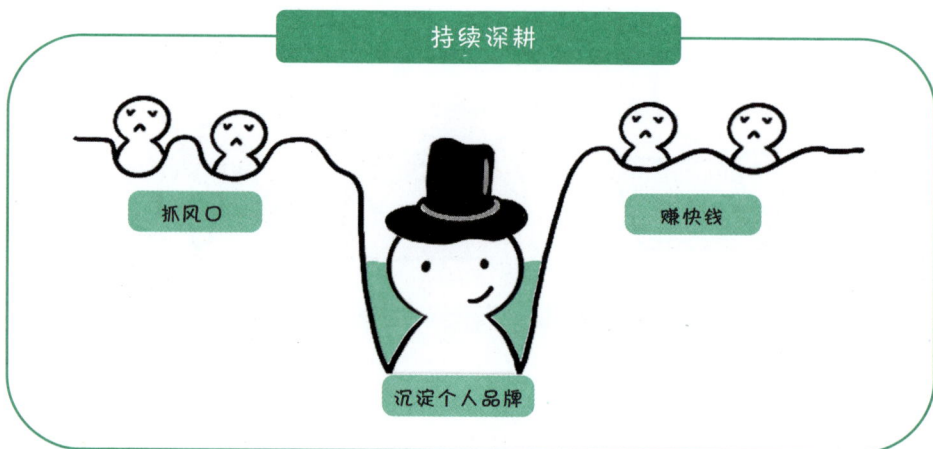

2016 年，知识付费风口兴起，很多老师开始跟风做网课、做社群、做短视频、做直播，但是都没有持续深耕一个标签、一个产品，把护城河做宽做深。有很多人发现微信公众号写爆文赚钱，就马上去写公众号，开设爆文写作课；然后发现写头条有平台补贴，就马上去开头条号，开设赚钱写作课；又发现企业缺会写文案的人，就马上开设朋友圈 / 文案赚钱写作课。一轮轮跑下来，的的确确每一波都赚到了钱，但四年时间过去，这些抢着在朋友圈发海报的人，有几个真正沉淀下个人品牌了？他们只是赚到了一笔快钱。2018 年 9 月，秋叶大叔在团队内部做了一个决策，要求一手跟热点抓快钱，一手把赚来的钱做可以持续深耕的产品线。当时明确了三条产品线，第一条是 Office 系列训练营，第二条是写作训练营，第三条是社群运营官训练营；必须把每一条产品线做成滚动开班、持续运营的产品。秋叶大叔提出"滚动三期产品初步成型，滚动六期团队基本稳定，滚动十期招生口碑沉淀持续、口碑招生比例增加"的三步发展规划。这个策略坚持到 2020 年春节，果然三个产品线都沉淀出了知名度，完成招生没有压力，三个团队的战斗力也越来越强。与此同时，代表整个团队的秋叶大叔，个人品牌影响力也越来越大。随着时间的推移，你会发现，现实的竞争将放大个人的短板，你难以和形成了团队的机构去竞争，个人品牌之路也会越走越狭窄。不要用战术的勤奋来代替战略的懒惰。

这个过程就像淘宝刚刚兴起的时候，涌现出一大堆的淘品牌。那时候新闻中大量充斥着下岗员工通过淘宝年收入百万、夫妻俩辞职后创立淘品牌买了几套房、大学生兼职淘宝创业成功等消息。可是现在再去淘宝上看看，排名在前的还是传统的大品牌，能够活下来的淘品牌寥寥无几。而真正活下来的淘品牌是利用淘宝的红利期，赚到第一桶金，然后把这桶金再投入到团队、品牌、供应链等方面，不断打造自己的核心竞争力，最终才活下来的。

另外要说明的是，站在赛道的角度，个人打造品牌，起步的平台最好是出版，包括图书和各种自媒体平台。在这些平台上，一个人只要能管好自己，坚持输出内容，就能启动。而且如果输出内容质量高，有口碑，传播影响力会越来越大，还能得到平台的扶持，逐步找到各种变现模式。

教育赛道是靠体系运作的。体系化作战，不仅依靠个人能力，还包括产品设计的环节，销售和服务体系的支撑。内容创业者以一己之力全权运营一个教育产品，会发现精力非常受牵扯，各种琐碎的工作把自己每天的时间都占满，导致自己没有精力做战略思考、做路径规划，最终把自己拖死。

做培训和咨询工作，倒也适合个人启动，但为什么这两个赛道打造个人品牌的难度更大，或者说打造网络个人影响力的难度大？一方面是绝大部分人缺乏培训或咨询工作的能力，另一方面是这些工作的合作方都不希望工作成果对外扩散发布，而且都是小范围一对一、一对多地进行，很难形成网络传播力。

在打造个人品牌之初，就要想好个人品牌成长的路径图。我们还要认识到个人品牌的成长路径分为三个阶段：先是打造个人品牌，然后升级到团队品牌，最后是打造公司品牌。

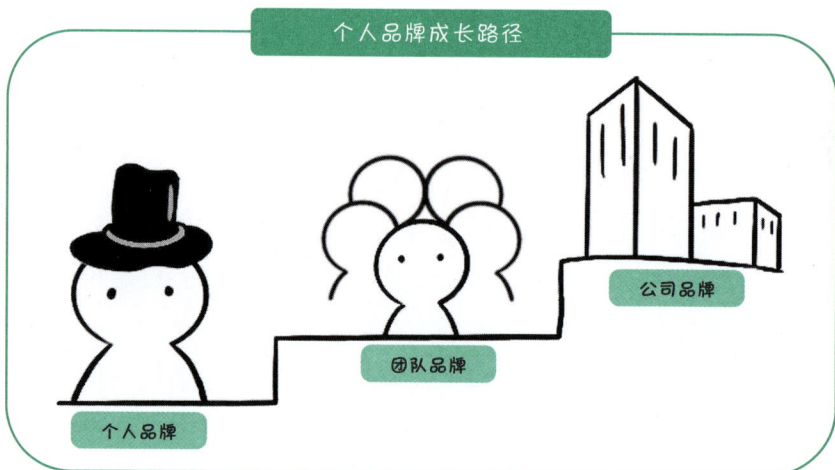

个人品牌成长路径

公司品牌

团队品牌

个人品牌

　　一开始的时候，打造个人品牌是有优势的，因为大众更喜欢与有温度的人产生连接。例如，"罗辑思维"的罗振宇，最开始通过优酷的视频栏目和每天 60 秒语音的公众号，让大家喜欢上这个知识渊博的胖子；有了个人品牌势能之后，他开始招募社群会员，组建"罗辑思维"的铁杆粉丝群，这个时候就有很多人加入罗振宇的团队，形成团队势能；最后进一步升级为"得到"这个产品＋公司品牌。

　　秋叶大叔刚开始起步的时候就是不断地给企业做 PPT 的内训、在高校给大学生做演讲，以及运营微博和微信公众号。这个时候，工作几乎都是他一个人完成的。当秋叶大叔的个人影响力不断扩大，也吸引了对这个领域感兴趣的小伙伴一起玩的时候，初步的秋叶 PPT 小团队开始成形，这个团队开启了一个 PPT 的社群生态，打造了"秋叶 PPT"团队的品牌。随着秋叶 PPT 的团队不断扩大，团队进一步扩展了产品线，在 Excel、Word 上研发出好课程，同时也在职场方面研发了许多课程。这些产品、书籍现在都用了"秋叶"这个统一的品牌。这个时候，秋叶并不再代表秋叶大叔这个人本身，也不仅代表一个团队，而是升级到了一个公司的品牌。

　　我们在打造个人品牌的时候，需要想清楚我们未来的品牌升级的方向在哪里，我们现在的阶段处于哪个阶段，这样才能够有的放矢，更高效地构建从个人品牌到公司品牌的升级之路。

4.2

个人品牌运营团队需要哪些人

如果要搭建一个团队，那么就要搞清楚打造个人团队需要哪些人一起合作。

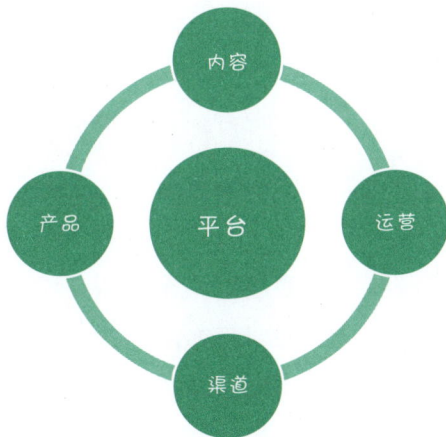

我们提出了一个个人品牌能力四维模型，四维包括产品、内容、运营、渠道。在服务行业，特别是专业性很强的服务行业，打造个人品牌时用这个四维框架分析就非常简单了。

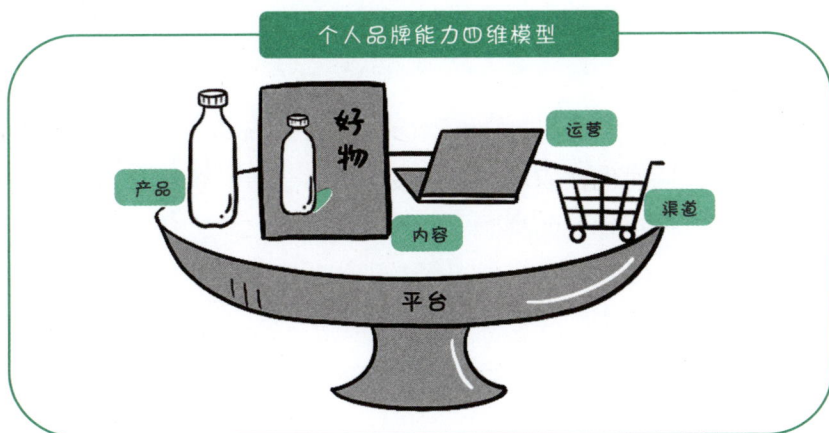

个人品牌能力四维模型

如果一个老师的课程非常好，那么他就是产品人，他首先需要有人产出内容，如文案、海报，以及带传播流量的文章、短视频，这些属于内容人擅长的事情。有了内容就可以圈粉，沉淀流量，然后就需要运营人把人集中起来去上课，做好课程教学服务，这就是运营工作。

产品人＋内容人＋运营人，其实就可以完成一个最小的业务模型了。如果要进一步放大，就需要有人专门去做流量，这就是渠道人。渠道人可以通过投放广告获得流量，也可以通过与社群 KOL 合作获得流量。这是获取流量的不同渠道来源，哪一个渠道流量稳定、转化率稳定，就会得到渠道人的重点维护。

有了渠道流量的持续导入，项目规模就能做大，就能拿出更多资源升级产品人、内容人、运营人队伍，从一个人变成四个团队，形成一个整体，在不同阶段去优化不同的业务资源，突破瓶颈。渠道能力一旦增强，瓶颈马上就变成需要更多的运营人来做服务；一旦运营人的问题解决了，为了留住老用户，一定需要更多的产品。在一个又一个问题得到解决的过程中，个人品牌影响力就变得越来越大，团队能力也越来越平衡。

在秋叶大叔的个人品牌营有一个营员叫汤帅，是做线上记忆力训练的老师，线上的一个学员可以做到客单价 5 000 元，一年能做到几亿元营收。他最擅长的就是广告投放，通过各种平台投放，搭建引流模型，把他们的产品服务能力放大了几百倍。

另外要说明的一点是，个人品牌团队要做大，必须依托一个主平台。平台是一个生态圈，如阿里生态、腾讯生态、百度生态，任何一个能量级比你大 1 000 倍的机构都可以是你依托的平台。我们只有依托平台，争取平台的支持，我们的个人品牌才能得到加速发展，这一点很重要。

按照这个四维模型，我们能很容易做出诊断。

（1）团队目前缺哪些人？

（2）哪些环节能力不足，是业务的瓶颈？

（3）有没有依托平台？

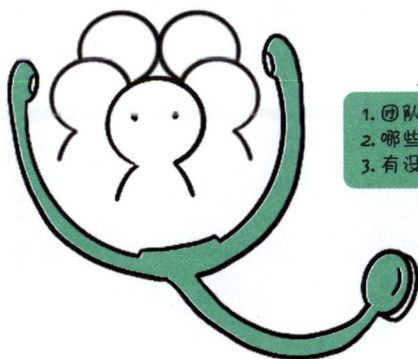

团队诊断

1. 团队目前缺哪些人？
2. 哪些环节能力不足，是业务瓶颈？
3. 有没有依托平台？

然后我们就可以依据这个模型去解决问题。

我们用这个模型去分析罗振宇，他显然是一个非常有影响力的人，个人品牌的知名度很高。但罗振宇是一个媒体出身的人，他擅长做内容，无论是视频、音频还是跨年演讲，都是有传播力的内容，给"罗辑思维"和"得到"带来了很大的流量。当罗振宇找到脱不花的时候，他就找到了运营人。然后通过开发"得到"平台，吸引了大量的产品人来入驻，卖书卖课。今天如果我们注意观察就会发现，在很多互联网网页上也能看到"得到"投放的广告，也就是说其渠道拓展也开始启动。

一开始"得到"的内容制作能力很强，也就是说"得到"最强大的基因是内容，有传播性的内容。但是"得到"做大以后，产品打磨能力和整体运营能力也达到了相当高的水准，成为业内的标杆。

在"得到"自建平台之前，其第一步是依赖优酷视频平台，第二步是抓住微信公众号红利，所以在取得平台的支持方面，罗振宇也做得非常好。即便"得到"开始做自己的平台了，也依然保持了和很多大平台良好的合作关系。如罗振宇的跨年演讲，和深圳卫视就形成了合作关系；"得到"也开了天猫店、京东店。

依托平台分享内容做流量，然后找产品做变现，这个过程的背后有很多优秀的运营人在奉献，最终找渠道放大，或者自建引流渠道，形成一个稳定的业务基本盘。"得到"的发展过程其实给我们最大的启发就是要从个人品牌逐步升级到团队品牌，就意味着我们需要一个环节一个环节地组建团队，找平台资源进行合作。我们无法复制成罗振宇，但我们可以学习他的业务发展的内在逻辑。

秋叶大叔认为，一个人要真正成为有一定影响力的"个人品牌"，整个团队要能稳定持续创造 500 万元以上的年收入；低于这个门槛，很难搭建出一个初步稳定的团队，形成可持续的发展模式，只能在小个体户层面发展。

用四维团队模型去看很多拥有个人品牌的人，你会很容易判断哪些人已经形成了成熟度很高的团队，哪些还在搭建自己的团队，哪些还处在把一个人活成一个团队的阶段。

很多想打造个人品牌的人，往往自身在这四类能力里有一两个特别突出，会依赖这一两项能力去弥补其他方面的短板。打造个人品牌的前期，可以先这样打天下，一旦发现自己有潜力做大，就得尽快思考如何组建团队来运营，所以我们必须要知道每个类别人员的能力需求是什么。

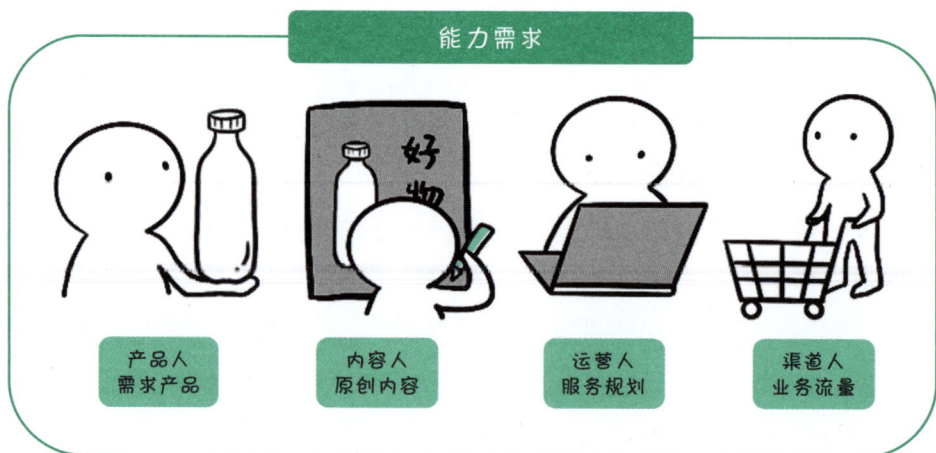

能力需求

产品人 需求产品　　内容人 原创内容　　运营人 服务规划　　渠道人 业务流量

产品人：相当于互联网公司的产品经理，能够通过对市场和用户的深度调研和内在洞察，带领团队开发出符合用户需求的产品。

内容人：擅长围绕品牌定位和产品，为用户生产出好的原创内容。内容人要让自己的专业能力与互联网热点结合，不断吸引更多的人关注，带来新的流量。

渠道人：帮助团队获取优质的外部流量，并与流量主形成稳定的合作关系，避免公司业务流量的来源单一化。

运营人：不同公司对于运营的定义不一样，我认为初级运营人应该负责管好用户的后端服务，高阶的运营人则要对整个业务盘子做总体规划。

最后要强调一点，想让团队规模化，必须先把工作标准化，规划出合理的工作量，这样才方便设置稳定的岗位去寻找长期合作的人才。

例如，要找一个在线训练营的运营，招募前应该把这个人所具体负责的每天 8 小时的工作量标准化。

（1）发布通知并及时响应群内消息。

（2）给大家推荐 1 ～ 3 篇有质量的文章，并写出有质量的评语（约 1 小时）。

（3）汇总整理训练营里优质的聊天记录，给大家阅读（约 1 小时）。

（4）在训练营里落实"每日一问"（约 1 小时）。

（5）每天找 30 个人私聊，了解他们的学习需求，并将私聊情况汇总上报（约 3 小时）。

以此类推，对每一个团队成员都要明确其具体的工作标准、时间限制，这有助于进一步提高工作效率，降低工作成本。

为什么很多人打造个人品牌会很累，因为他本来想做一个自由职业者，轻轻松松赚大钱，最后发现要真正做好一件事，就得让自己的心态从打工心态变成管理者心态，让自己变成创业者，不仅不能躺赚，反而要天天操心。

所以不要抱怨了，哪里有那么容易成功的事情。赶紧提升自己的管理能力，学习各种管理知识，否则，即便给你最好的团队，你也管不好。

4.3

如何找到个人品牌运营团队需要的人才

一个人能不能快速把个人品牌打造出来，和一个人的格局有关。没有格局，很难招到人。

秋叶大叔 2013 年"双 11"推出在线网课，请老师做课程，请小伙伴兼职做运营。当时秋叶大叔就承诺，第一年 45% 的收益归老师，10% 的收益归运营，全部日常推广开支由秋叶大叔来承担。一直到 2014 年 3 月底，网课销量都在稳定增长，但从 2014 年 4 月开始，网课推广就遭遇断崖式下跌。秋叶大叔从激活新媒体传播，做活动，赠书，到把企业内训费用改成团购，发力线下线上分享，各种方法都尝试了，到 2014 年年底千辛万苦达到了单门网课突破 1 万人的目标。扣除分给小伙伴的钱、日常运营的开销，真实收入是负的。但秋叶大叔认为这一年赚大了，第一，钱分出去，人留下来，有了团队才有未来；第二，规模做大了，市场启动了，有了口碑才有品牌。如果不舍得分钱，不愿意一开始就让团队有奔头，就想让大家帮你做影响力、帮你赚钱，那肯定没办法招到人。

在实际运营中，想做个人品牌的人，在招团队方面是更困难的。

投资人才是最有价值的

不舍得分钱，就招不到人

首先，很多人原来也没有钱，好不容易凭自己的努力赚到了一点钱，你让他毫不犹豫地分出去，留住人才帮自己，甚至在早期收入不够的时候拿出钱倒贴别人，这个的确对普通人要求太高。他们还没有做商业的经验，还不能真正理解投资人才最有价值的道理，这个也需要学习。不舍得分钱的人，就招不到人。

　　其次，很多人打造个人品牌，不会分钱。要么觉得这些事情挺容易啊，我一个人闲着做都做得很好，觉得别人的劳动不值钱，所以给他们分的钱很少；要么觉得别人帮自己不容易，所以不按市场正常劳务标准发工资，给得太多。这两种情况都会导致团队成员人心不稳，前者觉得自己被亏待了，后者容易膨胀，不好管理。不会分钱的人，即便招到人也会把人得罪走。

　　最后，一个人有了一定的影响力，总会有人喜欢和崇拜，这些喜欢他的人自称铁粉，因为认同他，这些铁粉愿意不要钱去帮他。这样的朋友固然很好，但也是一个大坑。招人应该招能够理性看待这份工作的人、有能力胜任这份工作的人，而不是你说什么都无条件支持你的人。毕竟你要找的是事业搭档，不是保姆。太喜欢用认同自己的人，而不是招一个相对客观、能力符合岗位要求的人，也是打造个人品牌起步阶段容易遇到的大坑。

　　要理解你需要怎样的人，其实还得回到个人品牌能力四维模型中，想清楚你的优势在哪里，短板在哪里，你的增长模式是什么，从而推断你下一阶段最需要哪一种专长的人才，然后付出足够多的精力去招人。

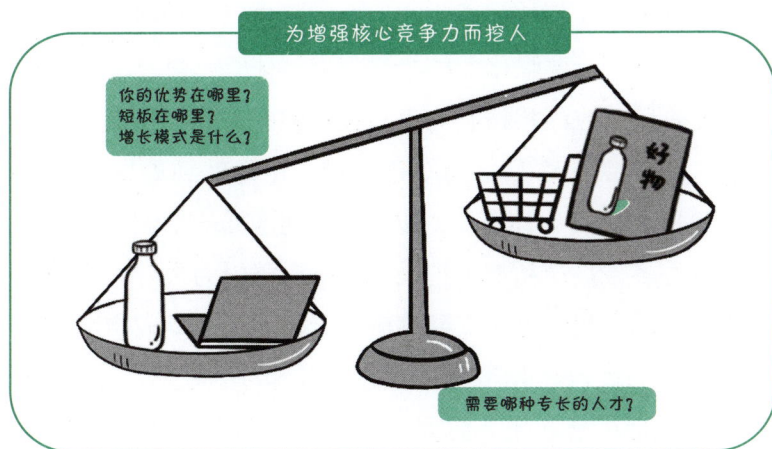

为增强核心竞争力而招人

你的优势在哪里？
短板在哪里？
增长模式是什么？

好物

需要哪种专长的人才？

我们还得清楚一点，在打造个人品牌的早期，挖人是为了增强你的核心竞争力，不是为了一开始就把你的每一块短板都补齐，有些短板可以通过寻找合作伙伴来解决。表 4-1 所示为内容创业运营模式与招人的关系。

表 4-1　内容创业运营模式与招人的关系

运营模式	打法	挖人	合作伙伴
产品导向	做产品口碑	课程研发	平台资源好，合作条件合理
运营导向	强社群运营	社群运营官	老师关系好，擅长链接合作
流量运营	买流量转化	裂变运营 广告投放	广告投放渠道，优质产品主
内容运营	写转化文案	文案高手	广告品牌公司

如果你的模式是产品导向，你擅长的是带大家做好产品，做出口碑特别好的产品，你就应该通过招人强化这一点，让你在这一点上出类拔萃，拥有特别好的产品，然后找合作伙伴，去链接好平台谈合作。

如果你的模式是运营导向，你擅长的是留住客户、服务好客户，那你就应该挖运营人才，再去找好的产品人合作，帮他们打开市场空间。

如果你的模式是流量运营，你擅长的是找到好流量主，那你就应该挖渠道或流量运营人才，拿着好流量资源再去找好的产品人，帮他们变现，自己也能分钱。

如果你的模式是内容运营，你擅长的是做内容，那你就应该挖新媒体人才，做出流量再去找好的渠道人，让他们帮自己更好地把流量变现。

一定要想清楚自己要强化的核心竞争力是什么，自己需要的合作伙伴是谁。在早期阶段，应该将核心竞争力强化到成为你的长板，找对能帮你的合作资源。好多人有产品，但缺乏流量，于是就到处找有流量的人合作。其实问题是你缺一个运营人，如果能找到这样一个人帮你找链接，效果更好。也有好多人是产品都不过关，只是自己以为很好，这个时候应该找靠谱的产品人，一起快速把产品打磨到合格，才能争取市场。

请不要一下子让自己长得很胖却没有长个子。先长个子，让大家都看见你，再慢慢把肉长起来，这是我们推荐的策略。当然，如果你实力雄厚，资金雄厚，人脉丰富，也可以一开始就重金投入、高举高打，那就是另外一回事了。

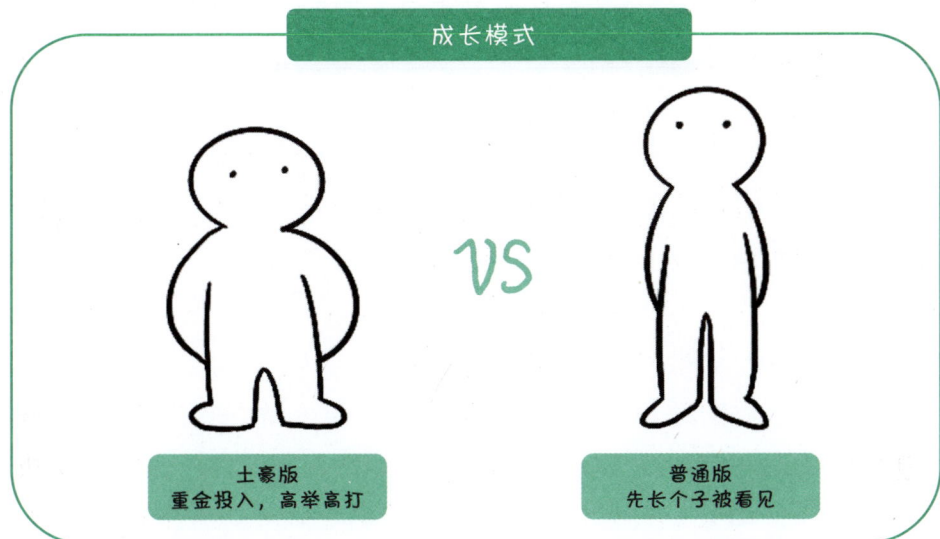

知道自己要怎样的人，就要想办法写好自己的链接信，让别人知道你在招怎样的人，从而提高寻找合作伙伴的效率。我们推荐通过"链接3问"或"合作3问"找到高质量的合作伙伴。

链接3问：链接3问更适合用于招人。

我是一个怎样的人——突出自身的特征特点；

我能帮大家做什么——建立自己与他人的链接点；

我希望找到怎样的人——明确自己的需求点。

合作3问：合作3问更适合用于找合作伙伴。

我有一个怎样的创业项目或产品——介绍自身产品；

我需要怎样的资源来帮我——建立与资源的链接点；

我愿意付出怎样的回报——明确与别人合作的基本条件。

在进行链接时要注意3点。

其一，"自我介绍"要创造链接点。

一个好的"自我介绍"应该能强化自己的标签，让人易于识别并印象深刻；突出自己的特长，给别人带来有价值的信息；表达自己的要求，尽可能多地建立双方的"链接点"。

自我介绍建议用三段法：产品是什么，可以成为谁的渠道，可以提供什么样的资源。以下是两个案例。

案例1

修改前：各位同学，大家上午好！我是×××，我的坐标是吉林省长春市，我来自传统的医药行业。我是北京×××有限公司吉林省分公司的销售经理，做了19年。我现在想转型，转型的目标是生涯咨询师及培训师。我从2015年进入这个领域进行学习，到现在一直在学习的过程中，谢谢大家。

修改后：大家好，我是×××，来自长春的一家医药外企，有很多年的工作经验。我自己首先是一名培训师，我在如何帮助员工找到自己和完成自己职业KPI这方面非常有办法。如果你们需要找这样的老师，可以找我，我给百度、联合利华等公司都讲过课，他们对我的评价很好。

我所在的公司也是一家外企，算是世界500强，所以每年有很多关于课程采购的需求。如果各位有关于职场人在学习方面的需求，我可以成为大家的渠道。

我平时也有一些业余爱好，在长春这边我有很多社会资源，如果各位在长春要做一些落地活动，或者说要找一些好的场地，找我就好了，我可以做一个好地主。

案例2

修改前：大家好，我是×××，我在××摄影培训中心做新媒体运营，我们在×××上面拥有近50万学员，公众号上有近6万粉丝，微博上是10万+。我能提供给大家一些关于摄影方面的知识，与摄影相关的一些东西。我也希望在这堂课上认识更多的大咖，能够让我们通过更多的渠道去学习不同的东西，发现自己的问题，找到自己的不足。谢谢。

修改后：大家好，我是×××，我们这个团队是目前国内最知名的摄影培训团队，叫××，在网上用百度搜一下就会找到我们。我们目前在国内可能是付费学员最多的摄影机构，我们在 ××× 上面有 50 万学员，我们的微信公众号影响力也还不错，学员对我们的认可度和忠诚度特别高。

如果各位需要好的摄影课程或需要找到这方面的资源，尽管找我们。如果各位在社区里面觉得学员需要学习好的摄影课程，我们有各种方便的课程提供给大家。

我也告诉大家，我们自己有 50 万学员，还有一个 6 万粉丝的微信公众号。如果有合适的产品，我们也可以一起来做整合营销。

其二，要多创造链接点。

我们不能认为自己只是做产品的，或是做流量运营的。如果我有产品，也有用户，那么我可以是别人的好产品的销售渠道，别人也可以是我的产品合作伙伴，我们完成资源互换，从而在市场上形成一个共振的小生态系统，实现互利共赢。

其三，先谈钱，再做事。

把事情谈得七七八八了还没有约定双方的责任和回报，这是得罪朋友的最快方法。我们应该在初步评估合作可能性成立后，马上进入商业回报沟通。只有大家对彼此的回报预期都接受，并认为合理，我们再继续谈才会更好。很多刚刚开始打造个人品牌的朋友，因为缺乏商业经验，所以羞于谈钱，其实这是不对的。

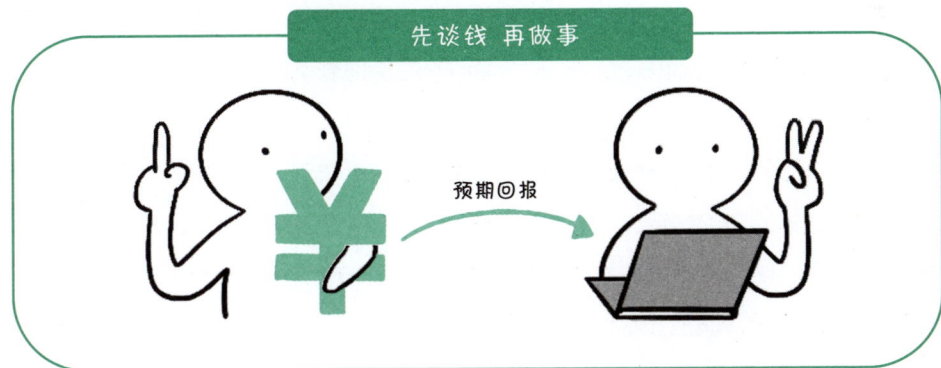

先谈钱 再做事

预期回报

一般关于钱的事情早点想好再去谈，会加速你的目标的达成。

4.4

个人品牌运营团队的三种成长路径

很多人打造个人品牌，都从写自媒体开始，因为他们看到很多成功的案例似乎都是这样起步的。但实际上并不是这样的，我们以知识付费四大巨头为例，仔细分析一下。

"得到"的罗振宇老师，他的个人品牌是先从成功打造了自己的自媒体开始，先是在优酷上的视频"罗辑思维"火了，然后是同名微信公众号的语音分享火了，接下来做社群，搞各种活动策划，再切入电商，最后推出"得到"App 卖知识产品。

"吴晓波频道"的吴晓波老师，一开始是写畅销书成功了，然后做出版，做投资也很成功。等到了微信公众号时代，写微信公众号也很成功，然后推出"890"App 卖职场课程，同时开启线下大课，并投资和整合优势品牌，打造电商生态。

"樊登读书会"的樊登老师一开始并没有强大的自媒体，而是凭借过去积累的影响力，快速推出"樊登读书会"App，直接发展渠道，在全国铺开市场。等"樊登读书会"App 产品形成影响力，马上发展线下书店，打造线上线下双渠道，同时全面卡位各种新媒体渠道，建立了自己的持续导流渠道。

"混沌大学"的李善友老师，先是在 2014 年开办创新研习社，做线下培训；讲出影响力后，开始辐射线上，传播思想和理念，同时出版图书；2015 年创新研习社升级为混沌研习社，2017 年升级为"混沌大学"，同时发布网站和 App，强化自媒体建设。

罗振宇和吴晓波虽然自媒体内容的打造能力很强，但也找到了很好的产品人、运营人、渠道人进行合作。樊登和李善友其实有产品人基因，樊登是一开始就有很强的运营能力加渠道发展能力，现在慢慢把内容的短板补上；李善友一开始就有很强的社群运营基因，然后通过发展分社建立了渠道能力，现在也慢慢补强全面的内容输出能力。

个人品牌运营团队随着规模的扩大和发展，一共有三种变现模式，分别是自媒体广告、电商（代言＋自主）、知识付费（出版＋培训＋教育）。这三种变现模式最终会形成一个闭环，形成相互共生、互相导流的生态。这样的团队才是具有极强生命力和竞争力的团队。

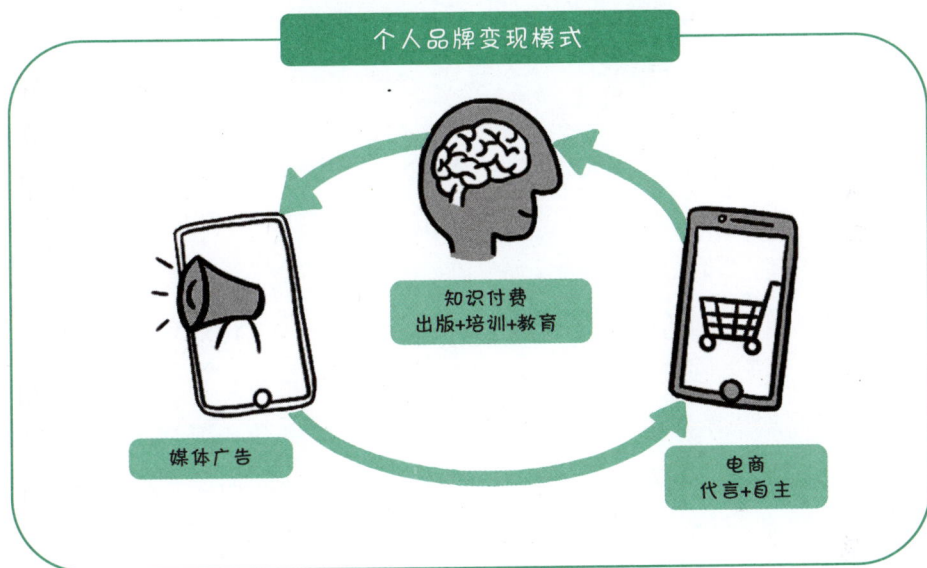

个人品牌变现模式

知识付费
出版+培训+教育

媒体广告

电商
代言+自主

打造个人品牌的第一种发展路径是先做自媒体，核心就是通过好内容做大用户规模。一个自媒体发展的好坏，就看你的内容产出质量稳定不稳定，用户数多不多，流量高不高，黏性强不强。一个不成文的规则是得流量者得天下，这也是很多互联网企业愿意先亏钱抢流量的原因。

微信公众号刚刚兴起的时候，很多自媒体人在发展的前期其实是没有想好变现路径和产品的，只是凭着自己的兴趣爱好，将写公众号作为副业；没想到在红利期竟然有了这么多的粉丝，然后才开始想着变现。黎贝卡、凯叔讲故事、老爸测评等自媒体，都经历过这个阶段。

如果走自媒体发展的路径，核心逻辑就是要利用自己的优势，在一个平台积累出自己的第一桶流量,设计好变现产品,然后盯紧流量的变迁,不断地带着用户去影响力更大的平台,同时带动自己产品的销售。例如,秋叶大叔最开始在微博上运营粉丝,公众号兴起的时候,秋叶大叔又把粉丝迁移到公众号平台;随着今日头条和抖音的火爆,秋叶大叔又在这两个平台上大量布局,形成了一个完善的新媒体矩阵。在布局新媒体矩阵的同时,秋叶大叔也一直在同步完善产品矩阵,确保产品收益跟得上,以支撑更大的新媒体团队。

做自媒体模式最容易变现的是广告,这是所有有流量的自媒体人最常见也最直接有效的变现路径。很多自媒体会依赖广告收入,但是也会有一个问题,就是频繁发广告会伤粉、掉粉。特别是刚开始的时候,粉丝看到自己关注和喜爱的自媒体人发广告,就会觉得他被商业世界"污染"了。如果一个人要打造个人品牌,选好匹配的产品、写好文案也非常重要,否则广告打开率和转化率会持续下滑。单一依赖广告收入也会给团队的经营带来风险,所以应考虑广告、电商、知识付费,形成一个多元化收入闭环。

"罗辑思维"在粉丝体量很大的阶段,没有选择卖广告变现,而是采取了以电商为主的策略。不做广告去卖书,推荐好书又恰好是"罗辑思维"账号的基因。卖好书既不损害品牌形象,又能凭借精装图书高毛利的产品特性获得好的回报,是一个更高明的策略。在试水电商后,"罗辑思维"推出了"世上最无理的"会员制(其实这也是一种电商产品,只不过是虚拟的会员产品),大家一起众筹卖月饼、卖柳桃,后期还销售书籍和大量的文创产品,在 2015 年的时候销量就过亿元,利润过千万元,并且顺利拿到了 B 轮融资。这种基于粉丝信任的电商转化,非常适合于高黏性的个人品牌。凯叔讲故事、年糕妈妈,都是在构建自媒体流量之后,快速地切入内容电商行业,转型非常成功。

但一个人要打造个人品牌,不一定非要从做自媒体开始,完全可以在产品做得很好的基础上做好渠道,打开电商业务。有了渠道势能,再去打造个人品牌,又能让自己的个人魅力成为产品销售的加分项,进而得到渠道的进一步支持。

这种模式也可以说是内容电商。内容电商一般是先学会帮别人带货，再慢慢组建自己的团队，对产品的选品、供应链把控、物流环节进行全方位的监控，甚至后期会组建自己的团队来研发符合自己个人品牌的 IP 周边产品。

有的微商，做了几万人的渠道体系，这些渠道其实每天都在转发其写的文案、分享的截图，言必称 ×× 姐、×× 哥、×× 总说，这也是一种个人品牌打造的模式。如果有了成千上万人的渠道团队基础，强化内容输出能力，做一个内容平台来沉淀渠道体系和辐射的用户，吸引更多的人来关注，也能很快把自己的个人品牌输出做大做强。只不过很多成功的微商擅长做渠道，不擅长做内容，而且做内容是一个需要耐心的过程，远远不如找个新产品丢给渠道去卖来钱快，他们不愿意把时间和精力花费在这一块。

在保险行业，其实也有这方面的案例。平安人寿保险金牌顾问叶云燕，就是先成功组建了强大的销售团队，然后推出自己的畅销书、微博、微信公众号，启动团队运营，强化自己的自媒体，强化自己的个人品牌。这就是先有渠道、再做内容的模式。

第三种个人品牌的成长路径是先做老师人设，做知识付费产品，也就是付费出版物、线下线上教培。教培分为线上教培（微课、线上训练营等）和线下教培（线下课、企业内训）等。老师这种人设是一个非常好的建立 IP 与用户之间信任的方式，因为大家天生对老师有一种信任感，这种信任感是非常强的，很容易形成强社群链接。"凯叔讲故事"一开始通过讲故事，吸引大量的孩子收听，然后建立宝妈、孩子的社群，不断地滚动做培训，做大以后开始做自媒体、做电商，打开了整个赛道。

普通的培训师线下培训讲得好，很容易解决个人收入问题，但因为线下培训时间有限，收入容易触达天花板。如果要进一步扩展，就需要把课程规模做大，把课单价提高。课程单价一提升，就需要配套打造高单价学员社群，通过有黏性的学员社群服务，留住学员，也吸引更多的人来学习。李善友老师的"混沌大学"就是从培训开始，吸引"老铁"

学员构建社群，然后打通混沌大学 App，拓展更多的知识付费产品，把赛道越做越大。

DISC 双证班创始人李海峰老师的 DISC 双证班社群，就是从培训业务中生长起来的。李海峰老师把 DISC 双证班学员组织起来，按城市建立学员群，课程结束以后大家还在一起学习、一起交流，而且李海峰老师总是让老同学成为新同学的班委、班主任、同桌，互相送礼物，一起学习，慢慢就建立了一个特别融洽的场。信任的同学多了，大家就一起包班学习；李海峰老师为大家谈下超值的包班价格，也为社群里冒尖的同学提供分享的机会，甚至是内部包班学习的机会。热心的同学多了，李海峰老师的培训、社群和自媒体也慢慢做得更有影响力了，DISC 双证班也成为很多人想报名学习的课程。

从培训到做出个人品牌影响力，还面临很大的挑战，因为培训师的时间被线下课程占得太多，请人做自媒体不容易有自己的特色，但借助社群运营，还是可以走出不一样的可能。有了深度社群运营和培训建立的信任，内容电商会发展得更好。有了内容电商的利润支持，公司可以投入更多的资源做好自媒体运营。

个人品牌团队最终能够做大做强，是自媒体、电商和知识付费三个赛道相辅相成、形成闭环的结果。我们在构建个人品牌运营团队的时候，也要考虑自己团队的实际情况和发展路径，选择匹配的人来做大自己的影响力。

4.5

让社群成为你的团队能量放大器

做个人品牌不能一个人闷头往前冲，而是需要打造一个团队来做整体执行和运营，这样才能更快地扩大个人影响力。可是，打造团队也要有巧劲儿，我们要先了解自己需要怎样的人，然后再去找人。去哪里找人？刚刚开始打造个人品牌的人，不能像正规的公司那样公开去招聘，没有营业执照，连招人的资格都没有；而且一开始的确需要人帮助，但也的确拿不出养全职员工的工资，要考虑从招兼职来起步。这样的人从哪里找？最好的方式就是从自己身边的社群里发现。

通过社群链接对的人，快速打造一个具有市场竞争力的团队，不但可行，而且特别有效率。在同频的优质社群里，容易发现同频的人。长期的链接容易让我们了解和观察一个人，评估他是否适合自己，是否有自己需要的专业能力，是否有大量的时间来帮自己。反过来，在一个社群里，别人也有充分的时间观察你、了解你、认可你，等待你抛出橄榄枝。即便一开始待遇不一定是最好的，但是因为互相了解对方，对要做的事情有认同感，约定好一个阶段的分配模式，反而可以同心协力去做。做大了，做好了，该有的回报也自然到了，这就是创业者的心态。

怎样在社群中选到靠谱的创业小伙伴呢？

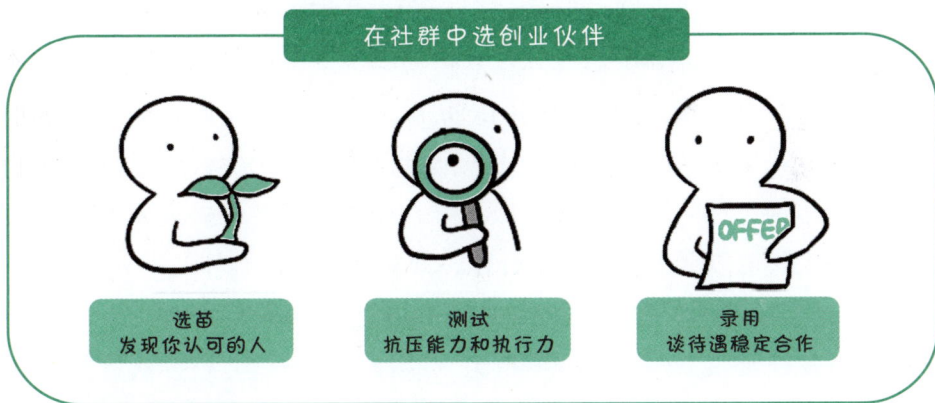

在社群中选创业伙伴

选苗
发现你认可的人

测试
抗压能力和执行力

录用
谈待遇稳定合作

第一步：选苗——在社群中发现你认可的人

一个人是否适合加入你的个人品牌团队？

一开始我们很难找到特别职业和专业的人，这样的人也很难放弃现有的回报去帮别人做事。我们要找的是心态开放、做事积极主动、有很强的学习能力、进化很快的人。通过观察别人在社群里的发言、对待他人的方式、发言的话题偏好，是不难发现这样的人的。

另外要特别提醒，要观察一个人的作息习惯和工作习惯，要选与你合拍的人。如果我们的工作对工作时间有要求，如熬夜、出差，那么在一开始就应该考虑这个人的可用性。

我们认为，第一是要能适应熬夜。打造个人品牌需要很多快速反应的时刻，效率第一，必须能熬夜，所以对于特别在意健康生活习惯的人建议不考虑；第二是要有工作效率，能够高效、高质量地完成工作，做完后有主动反馈的习惯，对于没有时间观念、没有反馈习惯的人，不用；第三是抗压能力强，遇到临时交办的工作也能够很好地完成，这样的人要重用，要多给激励。

第二步：测试——给他简单的任务，测试其抗压能力和执行力

找到这样的人后，可以先约他做兼职，在此过程中去观察、识别其是否适合成为团队的一员。

所谓兼职，就是一开始不是长期合作者，未来有可能变成长期合作者。一定要记住，第一次合作一定要先把工作内容标准化，说清楚做什么、怎样做，合格的标准是什么，大概需要多少时间完成。这样方便别人评估工作量和回报，也方便我们约定反馈时间进度。而且一开始请人做兼职，应该给别人较为简单、比较适合网上做的工作，对于自己都想不清楚的事情，给兼职做往往也做不好。如果发现能较快完成工作并乐此不疲的人，可以考虑长期兼职合作，或者变成全职合作。

第三步：录用——谈待遇给培训，升级为稳定的合作关系

如果发现兼职工作干得特别得力，这样的人一定要想办法将其全职录用，最好能在一起上班。如果这个人有特殊才能、工作自律性好，也可以先网络协同工作，采用目标管理制，确立稳定的合作关系。

如果是全职录用，就要像正规公司一样沟通具体的工作内容、工作量、工资待遇、社保等。要开诚布公地谈清楚，避免工作过程中产生不必要的纠纷。

有些兼职工作对个人品牌的打造很重要，但没有那么多工作量养全职员工，对此可以在社群中发现匹配的人才，作为外包资源。如文案写手、海报设计师很重要，但又没有达到全职聘用的条件，那么可以和社群里有这样才华的人搞好关系，请他们用碎片时间兼职做设计。

我们也应该做一个外包资源清单，有事情可以随时找到有这种能力的人。

另外要说明的一点是，做个人品牌的人，一定要重视自己的社群打造。好的社群不仅是你的铁粉流量池，也是你的外挂团队。这些人在社群里形成了高度同频的价值观，形成了互相支援的氛围，那么在你做线下和线上活动的时候，他们会非常愿意帮助你分享、帮助你传播，甚至成为你的任何产品或服务的第一批购买者。

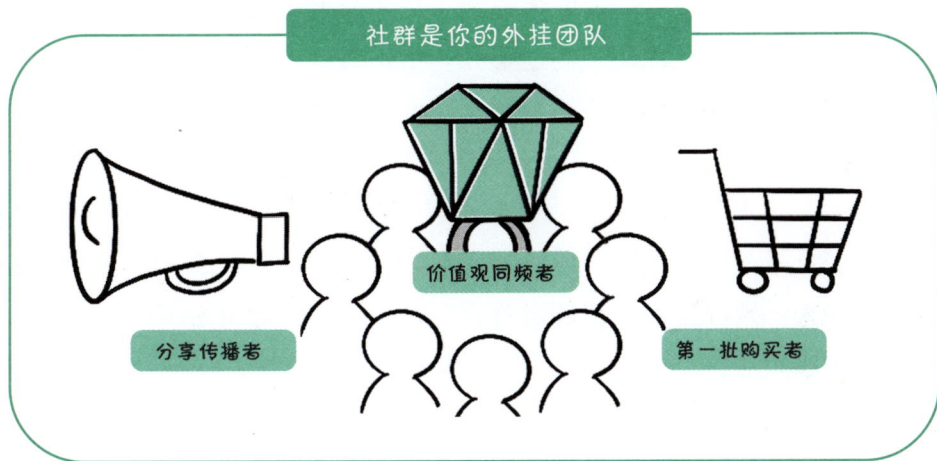

社群是你的外挂团队

分享传播者　　价值观同频者　　第一批购买者

而且一旦你聚合了一批人，带着他们成长，他们看着你在大家的支持下一点点进步、一点点变好，会产生一种成功的心理投射，仿佛可以通过支持你成功，看到和你差不多的自己改变的可能，这是一种励志的力量。在他们暂时不能马上改变自己的时候，他们会支持你，希望你成功，让他们的人生中有一个灯塔。

这种"灯塔预期"会让很多人支持你，也会让很多人鞭策你。你必须不断进步，搞出越来越大的影响，才能保持社群的黏性。所以，打造优质社群能成为你赋能的舞台，也能让更多的人支持你的分享、你的活动、你的产品，让你的影响力越来越大。

优质社群其实就是你的编外员工，每一个人小小的付出，汇聚到一起可以爆发令人极为震撼的力量。

"橙为"的创始人邻三月，2016 年的时候还是一个在山区陪老公、带孩子的家庭妇女。后来她组建了橙为社群（早期叫"BetterMe 大本营"），带着成千上万的人"橙为自己喜欢的样子"，和网友开办一系列的自我提升营，在全国各地办线下大咖秀活动，社群的影响力越来越大，大家都很喜欢她、支持她。她第一次在广州办线下大咖秀，她负责总体策划，具体的线下场地对接，物资设计和分发，嘉宾对接和接待，全部是社群志愿者帮忙搞定。第一场大咖秀办得非常成功，更神奇的是直到大咖秀马上要举办的前两天，邻三月才去了现场。如果放在正常的公司，会觉得完成这样的工作，不派一个正式员工完全不可能做到。但是在高黏性的社群里，这样的事情比比皆是。甚至社群的事情，大家愿意主动奉献，就是能搞定；而公司的事情，大家没有主动性，反而搞不成。

今天的邻三月把社群的势能发挥到极致，不但自己成为"橙为"品牌的创始人，她创办的"社群运营官"系列训练营也成为国内最有号召力的社群训练营之一。社群的力量，真的是不能小看。

5 产品思维

如何搭建有回报的产品体系

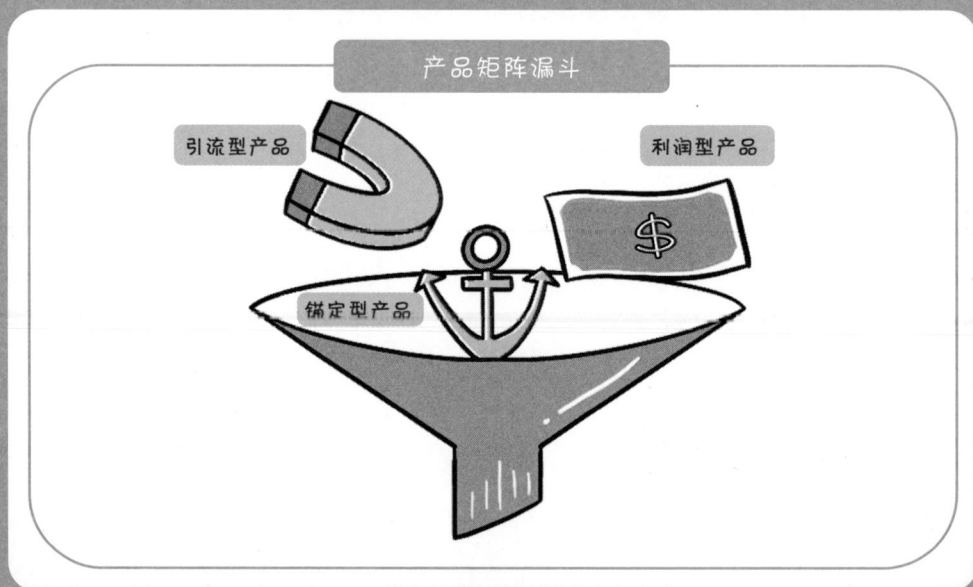

产品矩阵漏斗

引流型产品　　　　　利润型产品

锁定型产品

- ◆ 先有变现的产品，个人品牌才能活下来
- ◆ 一开始就要规划好你的产品矩阵体系
- ◆ 请设计具有影响力产品：为你的品牌带来流量
- ◆ 请围绕空间和时间设计现金流产品矩阵
- ◆ 学会给产品定价，让产品更好卖
- ◆ 打通知识产品和电商产品的矩阵设计

5.1
先有变现的产品，个人品牌才能活下来

做个人品牌有两条发展路线。第一条路线是先出名，再变现；另外一条路线是先想办法赚钱，利用赚到的钱做推广，养人做运营，想办法让自己的知名度更高，进一步提升产品的销量，从而获得更大的回报。

我们认为，走第一种模式的人很难赚钱，即便能赚到钱，效率也不会高。在今天这个时代，仿佛每天都有风口、都有红利、都有机会，我们总是能听到有人通过一篇文章获得百万阅读量、通过一个视频吸引百万粉丝的故事，好像"一夜成名""一夜暴富"是有可能落在每一个人身上的大概率事件。其实，现在流量竞争越来越激烈，"一夜暴富"的时代早已过去，就连专门的机构想持续产出爆款文章和爆款视频，都需要养专业的团队，靠规范的流程来打磨，成本非常高。如果一开始就抱着先打造个人名气的想法，很可能花了大量时间积累了影响力，但因为缺乏可以变现的产品，结果没有办法保证自己的付出有回报，最终又会因为现金流断裂，不得不放弃打造个人品牌的尝试，半途而废。

我们提出，应该尽可能早地规划自己的变现产品，在打造个人品牌的开始就要尝试规划自己的产品矩阵，然后结合打造自己个人品牌的过程，想办法销售自己的产品，获得回报和用户的真实反馈，从而一步步去完善自己的产品矩阵，最终把自己的个人品牌落地到变现产品上。

但大多数人打造个人品牌，更喜欢先去攒影响力，然后再变现。这是因为他们身边的很多榜样，给人的感觉就是影响力起来了，就慢慢推出了自己的产品，开始变现；另外，他们其实也不知道自己有能力打造

什么好变现的产品，也就是缺乏产品的研发能力。

我们必须一开始就具备商业思维，所谓找到一条离钱最近的路——只有一开始就规划一个属于自己的变现产品，我们的个人品牌才更容易活下来。

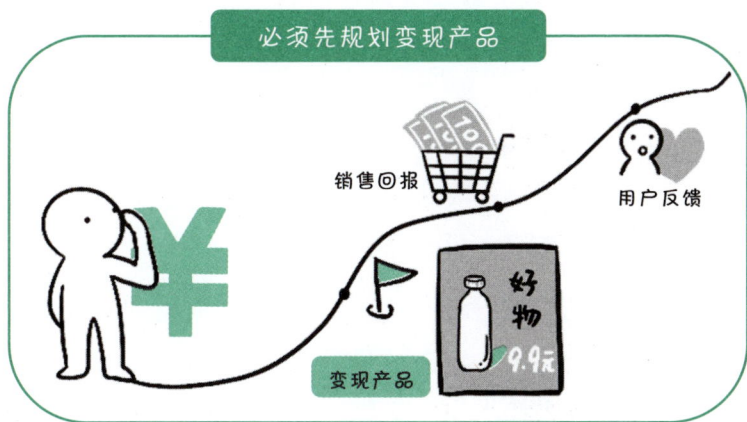

秋叶大叔也是经过很长时间的试错，才明白每一次规划个人品牌的运营，都必须考虑如何用恰当的产品承接流量的问题。表 5-1 所示为秋叶大叔不同阶段的核心自媒体平台及变现模式。

表 5-1　秋叶大叔不同阶段的核心自媒体平台及变现模式

平台	时间	变现产品
论坛	2002～2004年	无
博客	2004～2008年	2007年后推广图书+培训机会
微博	2009年至今	2010年图书，2013年网课
微信公众号	2013年至今	网课+图书+训练营+线下课
短视频+直播	2018年至今	短视频+直播训练营

我们可以看到，2007 年之前，不管秋叶大叔的论坛或博客写得好不好，其实个人是没有太多回报的，主要是凭兴趣坚持写。当然，那个时代支付不发达，电商也不发达，人们对互联网的想法也比较单纯。

2007 年秋叶大叔编写了自己的第一本书《超越对手》后，不得不尝试用自己的博客、微博推广图书，意外地发现图书有了销量，自己的博客、微博粉丝开始增加，而且还能带来培训机会。

到了 2013 年，秋叶大叔通过微博 + 微信，开始更高效地将网课变现，规模也做得更大，影响力也开始增强，产品矩阵也逐步扩充。

等到短视频时代到来，秋叶大叔反而有一阵想不清自己是应该卖课还是带货，结果短视频运营始终找不到明确的定位，耽误了两年的黄金卡位时间。

即便是秋叶大叔这样的"老司机"，在新趋势面前找对变现模式也不容易。所以，大家也不要觉得开发出能变现的产品是一件容易的事情。

那么我们如何才能找到属于自己个人品牌的变现产品呢？答案很简单，回到一开始的赛道选择，你觉得自己在哪个赛道能最快做出在市场上有竞争力的产品，你就优先考虑围绕这个产品去打造自己的个人品牌，除非你想彻底更新你的个人品牌定位。

不同赛道的产品所具有的优势如表 5-2 所示。

表 5-2　不同赛道的产品所具有的优势

赛道	产品	加分优势
出版	系列书、课	文笔好，写书快；或者做网课快
培训	精品版权课	实战经验多，控场能力强
教育	教学体系	教学能力强，服务学生的能力强
咨询	咨询服务	擅长梳理复杂问题并提出解决方案
社群	运营服务	擅长社群运营、种草、带货
网红	直播	镜头感好、表演力强、销售感自然
创始人	产品	发布会演讲能力强、制造话题能力强

当我们设计好自己的变现产品之后，要快速地推向市场进行测试，用户的反馈才是最真实的反馈。最终所有的产品都要面向真实的消费者，我们不能总是以产品测试为幌子让用户免费体验，这样是拿不到真实的用户反馈的。

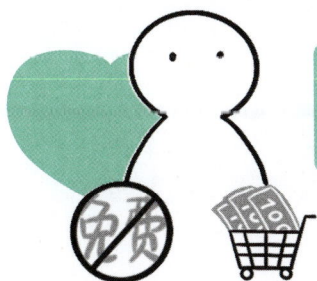

必须让用户付费购买产品

只有让用户付费购买产品，才能得到真实的反馈，找到迭代优化的方向，打磨出市场真正认可的产品。

只有让用户付费购买产品，你才能得到关于产品的真实反馈，你才能找到产品迭代优化的方向，打磨出市场真正认可的产品。

如果我们要推出自己的线上课程，我们可以发朋友圈，看看有多少人愿意真正付费购买；如果我们要做线下的培训，我们看看实际能够招募多少人；如果要做咨询，看看我们提供的咨询服务是否有人愿意真正地付费。

要了解你的产品能否变现，最简单的方式是给你的产品定价，再去找目标人群测试是否有购买意愿，然后分析他们愿意或不愿意购买的原因是什么。

变现产品的市场验证

1. 给产品定价
2. 找目标人群
3. 测试购买意愿
4. 分析原因

通过这种快速在市场中验证的方式，不断迭代我们的变现产品，同时还能进一步检验我们的个人品牌势能是否真的在市场上得到了认可。如果我们的变现产品销售良好，就会强化个人的品牌势能，也会使我们得到更多的资源去打造个人品牌。反过来说，如果产品一直无法得到市场的认可，对个人品牌建设也是一个重大的打击。这个时候反而应该思考要不要继续做个人品牌，或者重新去找自己的变现产品。

5.2
一开始就要规划好你的产品矩阵体系

参加过个人品牌私房课的知识型 IP 学员，都会在这张表面前陷入沉思。

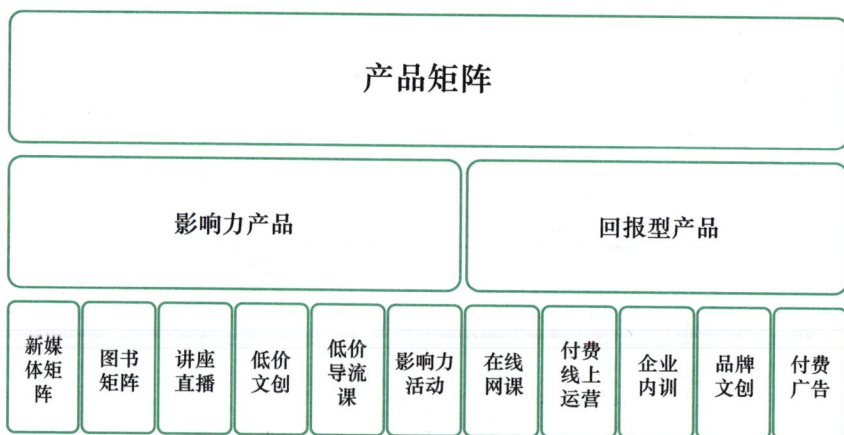

产品矩阵										
影响力产品						回报型产品				
新媒体矩阵	图书矩阵	讲座直播	低价文创	低价导流课	影响力活动	在线网课	付费线上运营	企业内训	品牌文创	付费广告

影响力产品是免费或低价的产品，为你带来源源不断的优质流量。回报型产品是带来现金流和利润的产品，是真正带来收益的产品。

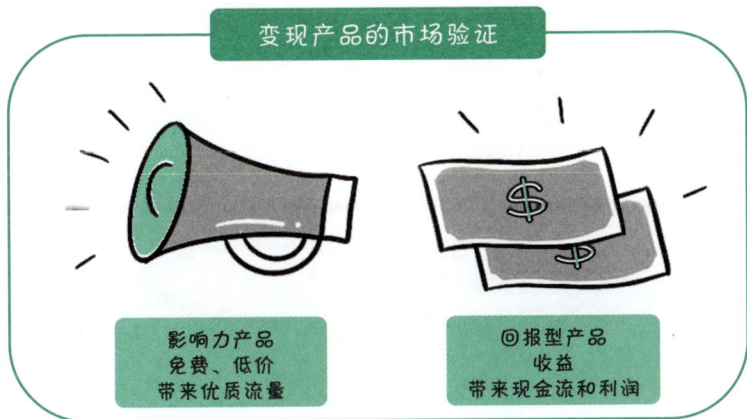

变现产品的市场验证

影响力产品
免费、低价
带来优质流量

回报型产品
收益
带来现金流和利润

很多人做个人品牌，有沉淀粉丝、沉淀流量的影响力产品，如微博、微信公众号、微信个人号，但是没有回报型产品，这让他们感到自己的影响力越来越大，但是不能变现。

还有很多人有回报型产品，但是转化特别难。大家都习惯免费分享、免费直播，一提到钱似乎自己也为难，用户也不接受。

也有一些人有很好的回报型产品，价格还不低，但是办了几期就招不到新用户了，再转化就特别难。

这些人遇到困难是正常的，因为在进行产品销售时，存在以下两个难以实现的跃迁。

从免费到付费：让不为你花钱的潜在用户变成付费用户。

从低价到高价：让低价付费的用户变成高价消费用户。

所以我们要构建产品矩阵，让用户慢慢从免费到付费，从低价到高价，一点点地通过好的产品和服务把用户的价值空间打开。

构建产品矩阵的核心目的是形成一个产品漏斗，把我们的潜在用户从茫茫人海中筛选出来，并使其通过产品矩阵的漏斗不断进入我们的核心用户群。

产品矩阵的核心是要有三类产品：引流型产品 + 利润型产品 + 锚定型产品。

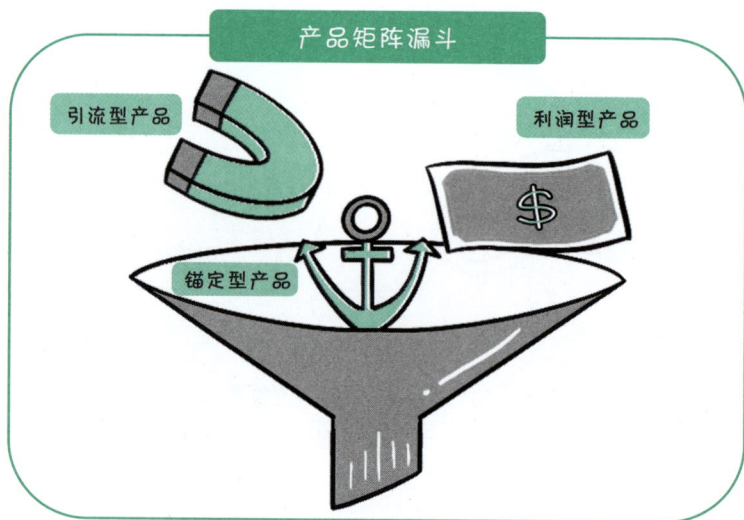
产品矩阵漏斗

引流型产品　　　　利润型产品

锚定型产品

| 1 | 引流型产品

引流型产品是为了让那些不知道我们、不认识我们和对我们信任度还不够高的用户，能够在短时间内迅速做出决策，下单购买的产品。例如，我们看到淘宝上有大量 9.9 元包邮的产品，这些产品对于商家来说就是引流型产品，他们卖出去一单不仅不赚钱，甚至是亏钱的，但是他们获得了大量的潜在用户。在引流型产品上不赚钱，通过进一步的运营和转化，在后续利润型产品上赚钱。

引流型产品的设计要注意以下几点。

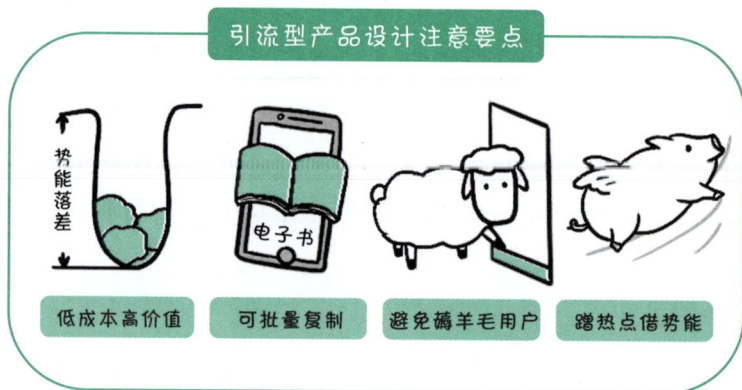
引流型产品设计注意要点

势能落差　　电子书

低成本高价值　　可批量复制　　避免薅羊毛用户　　蹭热点借势能

（1）低成本高价值

低成本高价值虽然看起来是一对矛盾体，但是这个矛盾可以在引流型产品的设计中，通过势能落差来解决。

知识势能落差：每个 IP 都有自己的专业领域的知识体系，拿出一部分对用户有吸引力的专业知识做成电子书、微课、训练营，就是非常好的引流型产品。如长投学院，设计了 9.9 元 7 天的训练营，获得了数百万的种子用户。

规模势能落差：能够批量化采购的商品，如能找到足够低价的优质供应链，也可以设计出低成本高价值的产品组合。东莞美宜佳超市在当年小黄鸭非常流行的时候，设计了一个活动：只要扫描美宜佳公众号二维码，就可以获得一个小黄鸭。这个活动使美宜佳获得了数百万的粉丝，而批量采购小黄鸭的成本其实很低。

渠道势能落差：如果能找到好的原产地或生产加工的渠道，或者拿到一批工厂的尾货，通过对部分产品的二次包装，可以设计出非常好的引流型产品。如秋叶小店把不二酱、金花茶、桂花糕等打包成一个礼盒，成为各大 IP 争抢的送礼佳品。

（2）可批量复制

引流型产品要走量，就一定要能大规模复制。像教育类的电子产品复制的边际成本几乎为零。软件、文章合集、电子书、软件安装包、文件模板、会员权益、社群资格等，都是很容易批量复制的低边际成本产品。虽然这样的产品复制成本很低，但是如果我们做好内容设计，资料的获得感、体验感是非常强的，容易赢得用户的信任，进而让用户了解我们更多的产品。

但需要注意的一点是，引流型产品一定要和自己的业务体系相关，不能只贪图低廉的成本，不考虑与自己品牌的相关性，否则产品即便送出去或低价卖出去了，也是给别人引流。

（3）避免薅羊毛用户

引流型产品的好处是能够使我们获得大量的潜在用户，弊端是无法避免地会带来一定的薅羊毛用户。如果不提前设计好规则，导致薅羊毛的用户占比过高，那么会给项目带来巨大的亏损。

我们可以通过两个方面的设计来规避薅羊毛用户。

第一就是设置价格门槛：用户必须支付一定的费用，哪怕是一元，或者支付邮费。通过价格的门槛，剔除非潜在用户。

第二就是设置任务门槛：如果想报名参加我们的线上免费体验营，必须提交500字的申请，或者完成转发等任务。虽然不用交钱，但是要用户付出时间和精力成本。

通过各种方式筛选出来的用户更加精准，后续转化为利润型产品的效果也会更好。

（4）蹭热点借势能

在设计引流型产品时，如果能够结合当下的热点是最好的。秋叶PPT团队在2019年9月28日中国女排获胜之后，马上设计了一套中国女排PPT模板，写了一篇文章，激发了大家的转发热情，文章的阅读量超过了10万，来秋叶PPT公众号回复关键词"女排"并下载PPT模板的人非常多，自然带来了大量新增粉丝流量。

｜2｜利润型产品

当我们构建好引流型产品之后，如果没有后端利润型产品承接，到处去引流其实会导致流量损失。我们通过引流型产品获取用户之后，如果不能及时地用利润型产品打动用户，那么这些用户就会流失掉。等利润型产品开发出来再进行引流，需要再次想办法激活用户，并付出新的流量成本。

利润型产品的设计需要注意以下两点。

第一是利润型产品要和引流型产品强相关，这样才能保证引流过来的流量后续转化率高。

第二是在推广利润型产品之前，需要进行内测，达到一定的转化率之后再进行推广，这样才能保证产品的商业回报率合格。

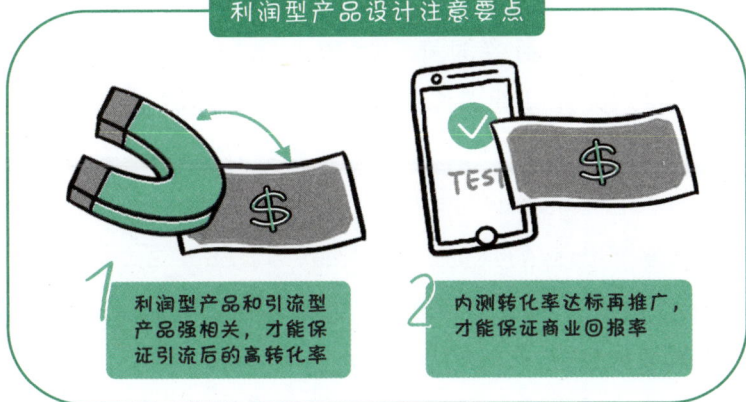

利润型产品设计注意要点

1 利润型产品和引流型产品强相关，才能保证引流后的高转化率

2 内测转化率达标再推广，才能保证商业回报率

|3|锚定型产品

心理学上有个名词，叫作锚定效应，是说人类在作决策的时候，会过度依赖所获得的第一信息（锚点），即使它对决策并无意义。这是一种认知偏差。锚定效应应用在销售上，就是把一款产品对标高价产品，价格有上浮空间；对标低价产品，价格也容易被压低。

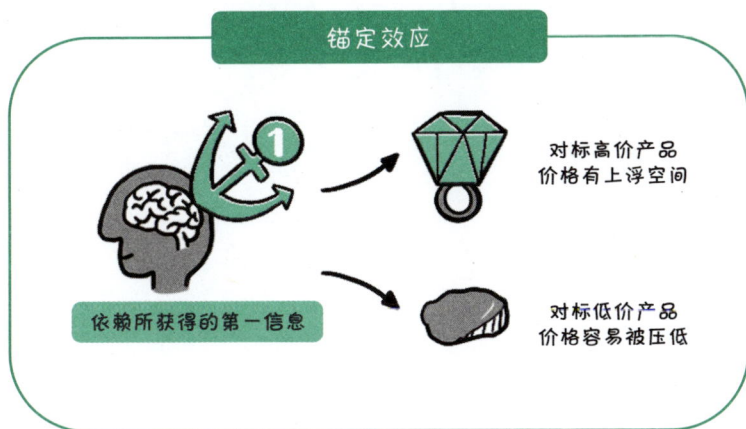

锚定效应

依赖所获得的第一信息

对标高价产品价格有上浮空间

对标低价产品价格容易被压低

例如，星巴克售卖，依云矿泉水的价格是偏高的，而且依云在柜台的销量是很差的，但星巴克仍然选择将依云矿泉水陈列在柜台里，是因为要采用"锚定定价"的方法，让星巴克的其他品类饮料看起来不那么贵。

所以，我们在设计产品矩阵的时候，还需要设计一款锚定型产品，来让我们的利润型产品更加好卖。例如，剽悍一只猫（猫叔）在小马宋的公众号上打广告"社群咨询费一天 20 万元"，这就属于锚定型产品。这样，当猫叔推出万元品牌训练营时就显得非常超值。

在设计锚定型产品的时候，有 3 个注意要点。

差异化：一定要和市场上同类竞争对手的产品有比较大的区隔，能够让人一眼就分辨出这是符合我们个人品牌调性的产品。

定制化：对于用户来说，最好有一种一对一定制化 VIP 服务的感觉，让用户觉得花这么高的价钱是值得的。

不在意销量：对于锚定型产品，不用考虑销量问题，这类产品的作用相当于线下最豪华地段的旗舰店，是用来树品牌、立标杆的。如果锚定型产品销量高的话，那反而可以考虑再提价。

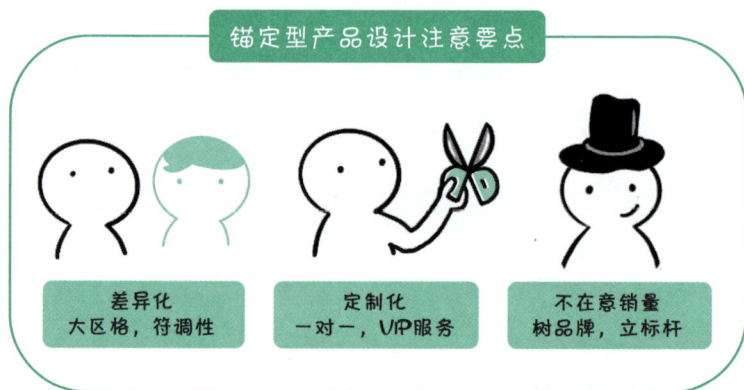

锚定型产品设计注意要点

差异化
大区格，符调性

定制化
一对一，VIP服务

不在意销量
树品牌、立标杆

5.3

请设计具有影响力产品：为你的品牌带来流量

很多在专业领域非常有建树的人，在专业圈子里的知名度很高，但是在互联网上却没有什么人知道。很多培训师、咨询师及各行各业的专业人士，都有这种情况，反而是一些专业底蕴不强、从业资历不长的人，似乎在网上更有影响力。

为什么会出现这样的情况呢？这是因为大部分人的专业资历是通过层层选拔或考核的方式获得认同的。例如一个专业人士，要通过各种认证，然后得到专业协会、单位或企业的认可。这种认同方式是一种组织选拔的方式，越往上金字塔塔尖越小，知道的人越少，能直接影响和覆盖的人也越少。

而打造个人品牌是以传播模式来构建的，也就是一个人要想打造自己的个人品牌，必须与一种甚至多种媒体平台结合，借助媒体持续地让自己的观点或专业意见传播出去，对别人产生影响。

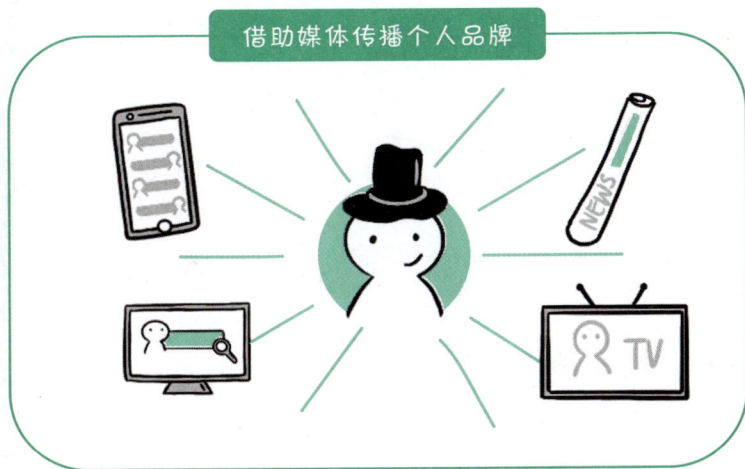

借助媒体传播个人品牌

什么是媒体？传统的报纸、杂志、图书、广播、电视、户外、讲座都是媒体，今天的网站、论坛、博客、微博、微信公众号、微信个人号、短视频、直播也是媒体。一个人要打造自己的影响力，就必须找到适合自己的传播媒体，并持续稳定地按照一定频率在媒体上曝光。

不管有没有互联网，打造个人影响力都需要找对适合自己的媒体。表 5-3 就是一个简单的传统媒体与新媒体关系对应表，任何一种新媒体都由对应的传统媒体演变而来。在有的领域，新老媒体共存，分别吸引不同的人群；在有的领域，新媒体的影响力越来越大，取代了老媒体。

表 5-3　传统媒体和新媒体的对应关系

传统媒体平台	对应身份	新媒体平台	对应身份
报纸新闻	名记	微博	意见领袖
报刊专栏	名笔	微信公众号	原创博主
书籍	畅销书作者	电子书	畅销书作者
电台栏目	主播	声音App	主播
电视节目	主持人、节目嘉宾	直播	网红
电影	明星	短视频	网红
讲座/演讲	名师/名家	网课/直播	名师/大咖

秋叶大叔在打造自己个人影响力的过程中，在每个阶段都围绕一个主流媒体平台发力，在这个主流媒体上持续稳定地发表文章，才逐步积累了个人影响力。秋叶大叔的微博、微信公众号、微信个人号、今日头条号、抖音短视频等自媒体平台，就是秋叶大叔的影响力产品，只不过这些内容输出对读者是免费的。

围绕自媒体平台做个人品牌影响力，必须把握以下三个要点。

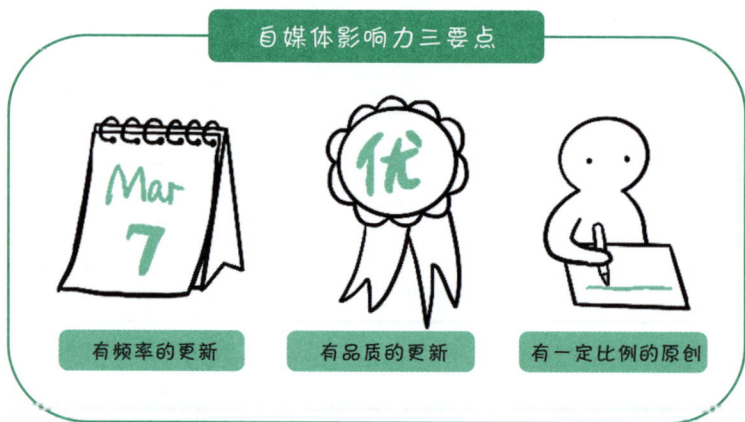

自媒体影响力三要点

有频率的更新　　有品质的更新　　有一定比例的原创

（1）要有频率地更新

三天打鱼两天晒网式的更新，很难培养稳定的阅读人群；没有稳定的阅读人群沉淀，是没有办法沉淀个人影响力的。很多人兴冲冲地开设各种自媒体，但根本无法做到持续稳定的更新，更不用说日更或者一日多更，他们低估了保持日更背后所需要的强大自律性和时间管理能力。

即便不是做自媒体而是做线下讲座，也得保持一年一定频率的覆盖率，否则对打造个人影响力的价值也不大。

（2）要有品质地更新

仅仅是内容有更新还不够，我们还得确保更新的内容，不管是原创的还是转载的，对读者而言都是有内容品质的，这样才能让读者乐于关注你的账号，觉得在你这里花费时间阅读是值得的。问题是很多人过于站在自己的角度去写文章，觉得"我给大家的都是好内容，大家应该感谢我的分享"。但实际情况是有太多的人做同类题材，写出来的文章的质量和个人风格都比你好太多了。多看看高手的内容，评估一下质量上的差距，不盲目自信，很重要。

（3）要有一定比例的原创

没有原创，只有转载，大家就失去了持续关注你的理由。原创太少，写得还一般，同样不值得关注。所以，任何一个要打造个人影响力的人，都必须不断学习，提高自己的原创能力，最终靠原创的内容吸引更多的关注者。

很多想打造个人品牌的人，持续稳定地产出原创内容，消耗的时间成本、运营成本非常高，那么有没有短期内可以高效完成并持续带来影响力的产品？

的确有，那就是高水平的图书，或者高质量的网课。

为什么秋叶团队的影响力能持续稳定地提升？这和秋叶团队打造了一系列长销图书产品有很大的关系。

秋叶团队出版了 Office 系列图书、"职场 7 堂课"系列图书、新媒体系列图书、"妈妈点赞"系列图书，沉淀了上百万的读者。出版社有成熟的出版推广渠道，作者不需要花费太多精力，只要书的品质好、口碑好，出版社就有动力持续推广，作者只需配合关键动作即可，并不复杂。

另外，当一个人花钱购买图书的时候，就已经为内容创业者花了钱，完成了从免费到付费意愿的转变。已买书的读者阅读图书的比例相当高，如果认同作者的内容，就很容易继续考虑购买作者的其他产品。

毕竟愿意花钱买书的用户，愿意继续花钱学习的概率是很大的，这也使图书读者更容易成为购买更多高价产品的潜在用户。

所以，对于想打造个人品牌的人而言，写一本有专业含金量、有可读性，在市场上有一定影响力的图书，是一个标配。这也是为什么秋叶大叔的线下写书私房课每次都不愁招生，因为秋叶团队不仅教大家如何写书，指导大家打磨图书产品，做好外观和排版设计，还帮助大家用对的方法推广图书，沉淀个人影响力。2018～2019年，秋叶写书私房课超过25%的学员出版了自己的图书，而且绝大部分图书都成功冲上新书分类排行榜单品第一名。

除了图书，高质量的网课也是非常好的引流产品。如"得到"上梁宁老师的《产品经理30讲》，内容质量非常高，听过的人都口碑相传，推荐想做产品经理的人去学习，这就给梁宁老师带来了源源不断的口碑影响力。又如秋叶团队开发的《和秋叶一起学 PPT/Excel/Word》课程，2013年"双11"在网易云课堂上发布后，几次迭代升级，口碑一直非常好，不需要任何推广，每天都有稳定的销量，而且很多学员学习以后，又报名更高端的后续课程。这就是影响力产品，而且是能收费的影响力产品。

影响力产品和引流型产品有很大的区别。影响力产品最本质的特点是每一次发布、每一次销售，都在沉淀大家对一个人的个人品牌的认知。而引流型产品可以是影响力产品，也可以不是影响力产品，只是对潜在目标人群有吸引力，可以把他们吸引过来，让他们有机会变成你的影响力产品的用户。

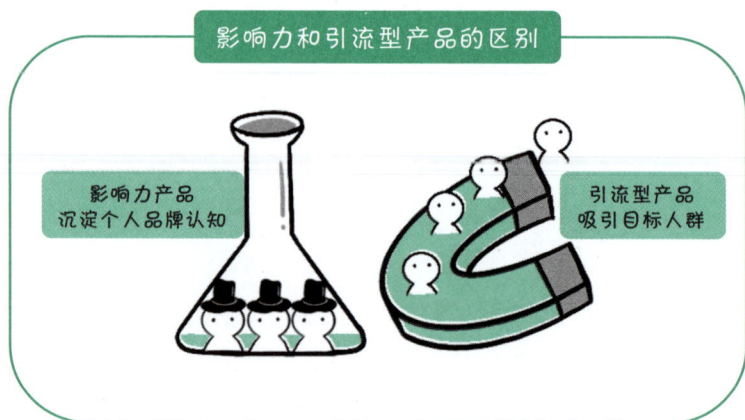

影响力和引流型产品的区别

影响力产品
沉淀个人品牌认知

引流型产品
吸引目标人群

怎么知道一个人有没有影响力产品？方法很简单，在主流平台上搜索他的个人品牌关键词，如果能出现他的新闻、他的百科、他发布的内容、他的自媒体账号、他的图书、他的网课、他的线上线下活动的结果，就说明他在对应平台上沉淀了影响力；有很多好的结果，就说明这个人的影响力在对应平台上沉淀得不错。

5.4

请围绕空间和时间设计现金流产品矩阵

影响力产品也能变现，如自媒体文章可以开打赏，或者做付费阅读，像连岳的微信公众号，每篇文章打赏都很多；如图书，如果畅销百万册，稿费收入也很可观；如网课，在知识付费的红利期，很多人凭借一门网课收入百万元。但是长期来说，绝大部分人很难靠影响力产品有稳定的变现，这会使得打造个人品牌始终是个人行为，难以养团队、做大规模。

在个人品牌影响力做到一定规模后，要想继续做大影响力，就必须打造回报型产品，即现金流产品，依靠影响力产品带来现金流用户，依靠现金流产品的收入反哺影响力产品。

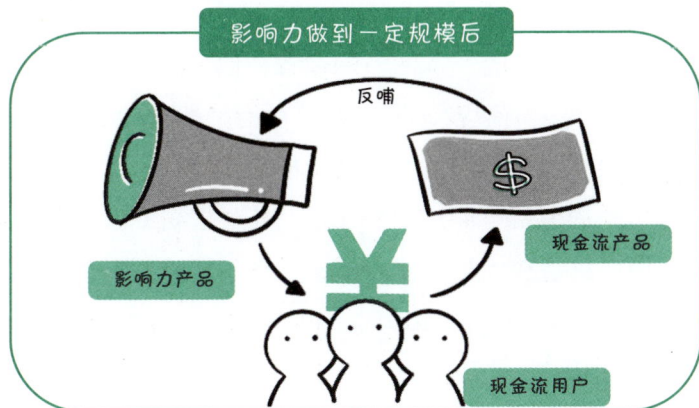

秋叶大叔成立了一个个人品牌 IP 营社群，里面有很多朋友都在自媒体上积累了一批粉丝，但不知道应该做什么产品，2019 年看到别人都在做训练营产品，便也推出了自己的训练营产品。这些朋友在为训练营产品定价时就非常疑惑：到底应该定高一点还是定低一点？如果定价高，担心招生难，开了几期就没人了；如果定价低，回报也不足以支撑滚动开办下去。其实这些朋友的问题在于把变现设计成了单一产品，这样是很难做好的。我们可以从单一产品开始变现，但一开始就得主动规划产品矩阵。

做产品矩阵要考虑两个维度，一个是在产品单价上拉开消费空间，另一个是在用户生命周期上延长消费时间。打开这两个维度，就能让我们看到一个用户的真实价值，从而愿意付出更高的服务成本去服务好用户。

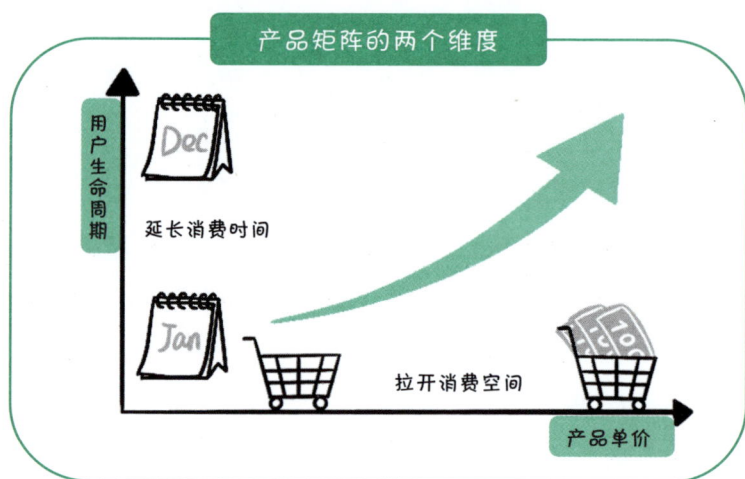

如果一个用户只是你的一本图书的读者，他可能只为你花费 59 元钱；但如果他还是你的网课消费者，那么就有可能消费 99 元；如果你做的是系列网课，那么他购买多门课的消费就可能是 399 元；如果你还有在线训练营产品，那么他的消费可能达到 999 元，甚至是线下课产品的 4 999 元。

如果一个用户只是在大学学习 Office 阶段，也许只能消费 199 元，但等他进入职场，想学习更多的知识时，也许他的消费能力可以达到 1 999 元。如果我们能和用户一起成长，也许就能得到用户更多的支持。

正是基于空间和时间两个维度进行考虑，秋叶团队的产品矩阵设计如下图所示。

秋叶团队的产品矩阵设计									
职场新人					职场3年～8年				
入门图书	秋叶书友会	在线微课	品牌文创	体验训练营	进阶图书	在线训练营	付费社群	企业内训	线下私房课
39元～59元	买书免费入群	99元～199元	19元～49元	299元	69元～99元	599元～1 299元	5 000元/年	30 000元/天	15 000元/人

要打造产品矩阵，第一个思路是设计高单价产品，用高单价产品吸引更有支付能力的优质用户。一个不难理解的现实被摆在眼前：支付能力更强的用户，会认同你服务的价值。同样的产品或服务，对高净值用户而言，愿意支付的时间成本也是不一样的。这意味着即便产品成本是一样的，得到的回报率也会有很大差异。这种优质用户往往来自我们过去的老用户，特别是对我们的产品质量和服务品质满意的老用户，所以在营销上常常说：维护好一个老用户回报更高，对五个老用户所花的成本可能才顶得上开发一个新用户的成本。

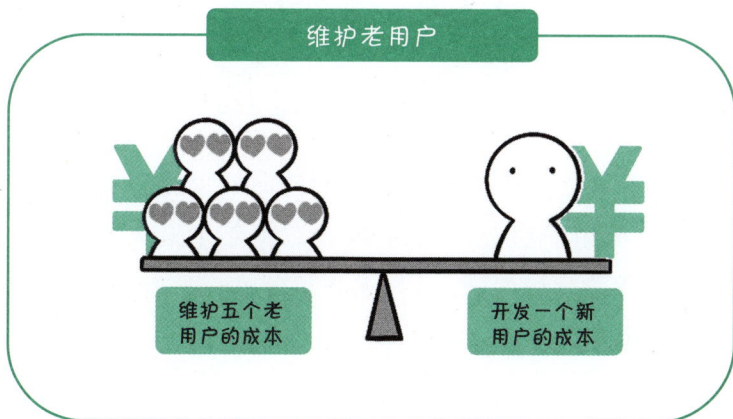

维护老用户

维护五个老用户的成本　　开发一个新用户的成本

培养一个优质的高单价用户的周期是很长的，教育用户、培养用户新的消费习惯的过程更是在考验一个团队服务能力的稳定性。在构建产品矩阵的时候，我们不要一下子让一个用户群体突然从消费 99 元提升到消费 999 元，要思考能否出现一些中间价位，先让用户接受从 99 元涨到 299 元，再到 499 元，再到 999 元。

很多人面临的挑战在于，他当下的积累不足以设计出一个产品矩阵，能够支持低阶、中阶、高阶用户的需求；他只能一股脑地把自己知道的内容都卖出去，而且因为个人品牌的势能不足，定高价也有难度。这样的朋友，可以一开始先做低阶产品，但是要一直思考如何尽快推出更系列化的产品，否则你会被你的产品价格锚定，大家会认为你是一个廉价的产品供应者。

在产品单价很难提升的情况下，怎样让单用户多花钱？一种解决思路是增加产品品类，另一种解决思路是提升产品的使用频率。

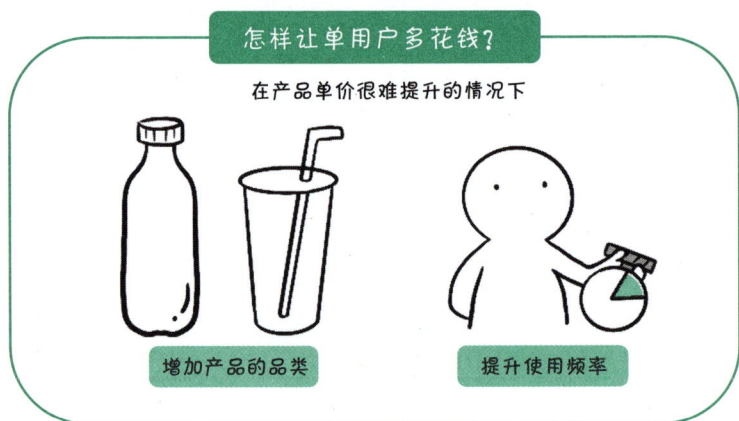

怎样让单用户多花钱？

在产品单价很难提升的情况下

增加产品的品类　　提升使用频率

以秋叶 PPT 为例，在刚刚创业做网课时，只有一门网课《和秋叶一起学 PPT》，单用户消费收入为 99 元，很难创造大的收入。但整个秋叶团队持续开发后续课程，到 2020 年年初，秋叶 PPT 已经拥有 12 门销量破万的网课、16 个在线训练营，单用户平均消费金额也提高到 300 ～ 400 元。

单凭一个人的力量无法完成开发一个系列课程的工作，怎么解决？借鉴 MCN 模式就能找到答案。在自身课程数量有限的情况下，可以通过与其他老师的课程打包，针对不同平台推出不同的销售组合包，争取最多的回报。

要打造产品矩阵，第二个思路是提高消费频率。提高消费频率就意味着要为标准化产品配套相关的服务，让用户认可你的后端服务，培养用户的消费习惯。内容创业者的产品需要为用户提供解决方案，让用户养成新的消费习惯解决自己的问题。如形象顾问可以为高净值用户提供每月陪购新衣服的服务，整理师可以安排每季一次的上门服务。

再以心理咨询行业为例，可以尝试不断给用户灌输一个理念：心理辅导是一个长期的过程，所以定期咨询是必要的。我们可以给予老用户优惠，给用户办理年卡，约定一年 12 次的见面机会。

有的产品是可以从提高消费频次、给予解决方案来提升单用户价值的，但并不是每个产品都可以提高频率，如考研、学习 PPT 技能等，这些产品就只能考虑增加产品规格。

如果在一个时间段内用户消费的产品规格、单价、频率都很难提高，我们就要考虑是否能长期留住用户，延长用户的消费生命周期，让用户在尽可能长的时间内依然选择我们的产品和服务——这就是沿着时间线规划现金流产品矩阵。

秋叶团队最早做的是 Office 网课产品，在 Office 产品线里增加品类和规格。但是 Office 是面向职场新人的，新人入职 1～3 年，学习意愿就没那么强烈了，所以我们推出了《和秋叶一起学时间管理》《和秋叶一起学写作》《轻松手绘》《轻松思考》等职场网课，让喜欢我们的老学员有更多的选择，从而延长了用户的学习周期。

如果我们能及时规划好自己的现金流产品矩阵，有线上产品、线下产品，就能更好地看到我们个人品牌的真实商业价值，有信心做更大的投入，打造出更大的市场。

5.5

学会给产品定价，让产品更好卖

同样主题的两本图书，书名也差不多，对不熟悉作者的读者来说，影响销售的最大因素是什么？——不是图书的质量，而是价格。

相信这个答案会让很多人大吃一惊，但是对绝大部分消费者而言，看到产品价格内心马上会思考值不值的问题，如果消费者觉得超值，就会毫不犹豫地购买。而很多刚刚开始打造个人品牌的朋友，恰恰缺乏为自己的产品定价的经验。或者说，因为拿着产品去市场上测试的经验太少，所以不清楚自己产品的价值到底成色如何。

| 1 | 平台价格的锚定效应

不同的平台，都会努力给消费者一个心理锚定价格，如天猫上的东西比淘宝贵，大家都觉得是理所当然的；而拼多多上的商品就是要地板价，这也是很长一段时间内消费者的心理认知。这意味着几千元的大家电产品，如果出现在天猫店，大家会很放心地去购买，但如果是几百元的大家电产品，大家会去拼多多看。如果一个人想提升自己个人品牌的价值感，就一定要思考一下，你选择的主要平台的产品定价是在什么区间的。

如果一个平台上的老师开设的多是免费课程，那么这个平台就很难销售付费课程。如果一个平台上面都是 49 元的课程，就很难销售 199 元的课程。我们如果想给自己的主导产品定一个合理的价格，就一定要考虑把主要推广的产品放在价格匹配的平台上销售。

我们建议，知识产品如果有可能，尽量锚定较高的价格。如果大家都愿意锚定较高的价格，大众对价格的敏感度就可以慢慢把它抬到一个合理的区间，这样，内容创作者就能获得更好的回报。为了让自己的产品能持续获得好的回报，在竞争压力下，就得不断提升产品的品质，否则就会被淘汰。如果都采取低价倾销的行为，反而会慢慢把市场做小。只要知识产品靠降价来竞争，就说明这个市场还没有进入成熟期。

|2| 知识产品定价的四种常见模式

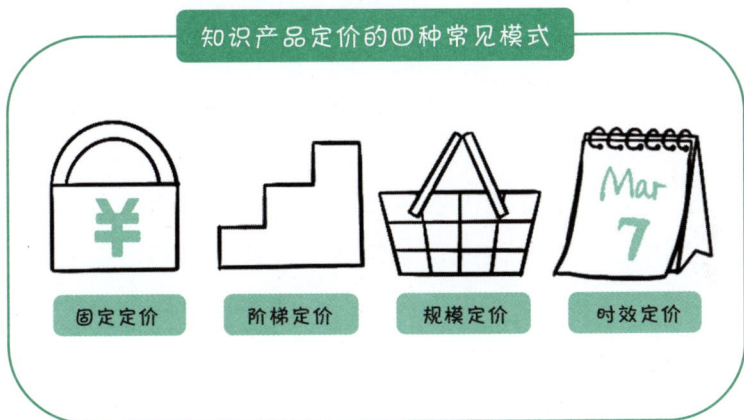

固定定价：出版物，不管是图书还是网课，大都是固定定价，只不过不同品牌势能的产品会选择不同的定价区间。

阶梯定价：常见的例子有设置低、中、高三级递进型课程，对于同一主题课程，根据不同的目标人群和不同的教学难度设置不同的课程内容，并搭配不同的价格。

规模定价：以采购规模的大小为门槛，走量有优惠。常见的例子有网上团购，两个人起"拼团"，价格有折扣；或者同时购买几门课程，有折扣价。

时效定价：像网课这样的产品，生产的边际成本很低，为了刺激用户加速下单，可以在促销期间给出不同的价格折扣。常见时效定价的形式有早鸟票、专场福利、涨价等。

早鸟票：如设置课程价格前50张为149元/张，后续为249元/张；

在直播讲座的推广中，对购买时间位居前列的用户提供优惠价格，给予特别福利。

专场福利：针对特定活动推出多样化的福利以提升用户转化率。如设置生日福利，生日当天产品半价。促销期间不仅可以打折，还可以加送福利。

涨价：如对课程做重大升级涨价，或者对课程做低起点定价，人数超过多少人时开始涨价。知识产品如果能坚持适度涨价，反而有助于扩大销售，毕竟早期学员会感觉超值。特别是服务资源有限的训练营产品，就好比线下优秀的学校，线下好学校的门槛都是越来越高，线上的好学校学费也会越来越贵。

对知识产品进行适度涨价也要注意时机和涨价的理由。消费者对价格是最为敏感的，价格会使他们忽略课程的升级信息，如增加的课程时间和服务内容。因而在策划产品涨价时，需要认真思考涨价的冲击是否在消费者的心理承受范围内。

｜3｜要想办法提高学员的学习投入成本

知识产品和实体产品有一个很大的区别，就是缺乏对同一产品的复购，基本上是一次性消费。同一课程，消费者学会了不会再花钱学习一遍；如果学不会，消费者大概率不会再选择同一服务商。对于缺乏复购的知识产品，打价格战是不理性的行为。因为消费者花钱少，会不重视学习，反而学不好、学不会，结果并不会因为你便宜而信任你。只能说有的人群支付能力有限，如大学生，对自己花 100 元学习课程的重视程度相当于职场新人花 500 元的重视程度，所以给大学生的知识产品定价100 元可能是合适的，但对职场人就不合适。

知识产品的学习效果既然和一个人的重视程度强相关，那么就要想办法抬高一个人的学习投入成本，如要经过比较麻烦的流程才能报名成功，如说服他在其承受能力内选择学习监督服务更好的课程，如说服他下决心一次性投入更多的时间来完整地学习。

在实际的产品销售过程中，一套课程以套餐方式打包一次性出售，会比单门课程销售得更好。打包买套餐的学员，虽然多花了钱，但也会更加努力地学，更努力学的人能学得更好，学得更好的人会带动产品的口碑，最终市场运营会更好。

｜4｜价格与质量的平衡

项目管理中有一个项目三角形的概念：成本、时间和质量。任何一个项目都不能三者同时最优。

（1）为了缩短项目工期，就需要增加项目成本（资源）或降低项目质量。

（2）为了节约项目成本（资源），就要降低项目质量或缩短项目工期。

（3）如果要确保项目质量，就要增加项目成本或延长项目工期。

做产品也是这样，要做出一个完美的产品，代价一定是付出更多的时间去打磨，但很可能错过市场档期，抓不住流量红利。

我们建议，知识产品，特别是技能类知识，快速达到一个基础质量比打造一个完美产品更重要，我们可以在抓住市场后一期期迭代产品，这反而可以让产品发展得更好。

秋叶大叔的写作特训营，就是一个很好的持续迭代案例。下决心做1299元的写作特训营项目后，在一周之内秋叶团队就完成了写作特训营的大纲、讲课稿设计。然后就启动了第一期招生，口碑很好，于是顺势启动了第二期、第三期；到2020年年初，已经招满第15期。结合一期期滚动迭代，秋叶大叔带着团队为写作特训营配套了图书、网课、线上训练营录播课、写作文创产品、全职的助教老师和运营团队，引入了4位风格不同的大咖老师，让写作特训营的产品不断进步，不断增加新的内容。在价格不变的情况下，特训营的内容和品质持续进步，做到了越来越超值的体验，口碑起来了，招生的压力也越来越小。

如果一开始就想做一个完美的产品，就很容易错过最近启动招生的黄金时间段。

5.6

打通知识产品和电商产品的矩阵设计

以出版做流量入口，以教育做连接纽带，以电商做持续变现——这句话可以解释大部分个人品牌成功的商业模式。

新媒体、图书、网课都是出版，是整个商业模式的流量基本盘。有了这个基本盘，我们就可以做线上线下教育和培训，与学员建立深度信任关系并长期连接。有了这个连接基础，我们就可以向学员推荐适合他们的商品。学员复购电商产品，又会以口碑形式扩散给新的用户，从而给我们的出版和教育产品带来新的流量。如果这个闭环打通，每个环节既可以独立发展，又能互相做流量支撑，是一个非常好的运营模式。

像"得到"、吴晓波频道、凯叔讲故事、樊登读书会，其实都是在这个模式上有所侧重去完善自己的商业模式的。

做知识产品其实是按年龄段分的，一定要找到你要做的年龄段，否则个人品牌很难做大。从年龄段看，最早的机会在胎教，然后是早教，早教之后是幼儿园，接着是学前、K12 等，之后就是大学、考研、考证、考公务员、出国留学等。这些大品类都做完，还剩下一个很大但品类特别多的市场，那就是成年人的职场学习市场。这个市场虽然大，但是很难形成全国性市场，运营反而更难以规模化。

秋叶大叔在 2007 年开微博、写博客、做微信、做自媒体，到了 2009 年开始出书，依靠出书积累了一定的影响力和粉丝，这是在沉淀出版产品带来的个人品牌。2013 年秋叶大叔第一次在网上卖定价 99 元的"和秋叶一起学 PPT"网课，赶上知识付费的大浪潮，快速在几年内扩充了产品线，这次成功转型极大地放大了他的个人影响力。如果只是停留在这一步，秋叶大叔很快就会遇到个人品牌的发展瓶颈。

2016 年秋叶大叔推出在线训练营产品。做在线训练营是因为秋叶大叔预见到网上学习一定会从网课模式切换到网上有人带着学的模式，因为相比冷冰冰的网课，用户还是愿意跟有温度的人在一起。

在线训练营成熟以后，秋叶大叔就开始做线下主题课。秋叶大叔办主题课有一点不一样，就是特别"贵"，起步就卖 1 万元。因为秋叶大叔当时有品牌势能，又处在业务上升期，大家都愿意跟他学，这样就把高端线下课的品牌用价格锚定了。到这一步，秋叶大叔就把与用户深度连接的线上线下教育培训产品矩阵打造出来了，让一部分网课用户沉淀为深度连接的社群学员，而社群学员的口碑又带来源源不断的新的流量。

如果只卖图书、网课和培训，还会遇到一个问题：很难形成复购。经过反复尝试，秋叶大叔选择给学员卖一点好吃的零食和文创产品，就好比是在学校里开了一家小超市。2019 年，秋叶大叔又花很大的代价做了秋叶书友会，不管是不是老学员，都欢迎一起来共读图书；书读得好的网友，就送秋叶小店里的美食。

秋叶小店的美食，很多都找了很有特色的供应商，选品的原则就是一定得是当地特色的东西。学员在别的地方不容易买到，就会继续回到秋叶小店购买。秋叶团队不追求在电商上赚钱，留住学员最重要。

最终，秋叶团队希望形成三条线的产品矩阵。第一条线基于出版，包括图书、网课、新媒体。第二条线是服务，包括培训、定制。第三条线是内容电商，把人留下来做社群，在社群中销售，形成复购。

如果打通这个产品闭环，应该是个人品牌做大、做完善后的理想格局吧！

6 渠道思维

如何搭建可持续的流量池

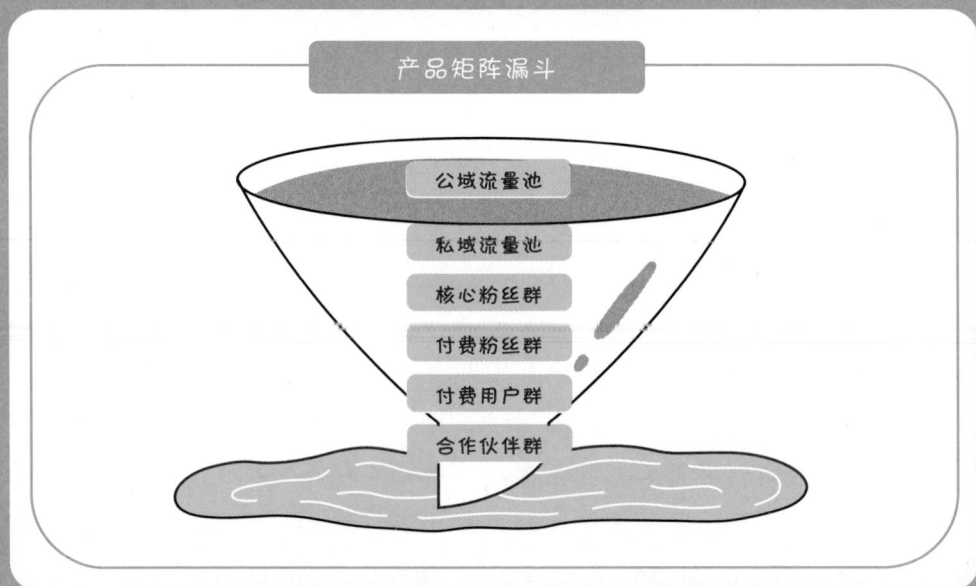

产品矩阵漏斗

公域流量池

私域流量池

核心粉丝群

付费粉丝群

付费用户群

合作伙伴群

6.1

个人影响力 ≠ 有流量池

2013 年，秋叶大叔开始做线上网课。起初特别顺利，业绩呈裂变式增长。到 2014 年 3 月 31 日，并没有出现什么意外，但网课的销售业绩却遇到断崖式下跌。为什么卖不掉？秋叶大叔用了一年的时间才找到原因——是他过去积累的流量凑巧在那天用完了。

网络上讲新媒体的人，是基于新闻媒体的传播模型的，传播是在网络上引爆一个话题，之后一传十、十传百，瞬间让全网都知道。传播不是销售，而网课要做销售。销售的关键点是需要强信任，在信任关系建立之前，即便产品传播到潜在用户面前，用户也不会买。

为什么秋叶大叔刚刚做网课时业绩一直在上升？因为他的老粉、铁粉很多，一出产品就会有人买，业绩起点就很好。再往后走，老粉、铁粉的忠诚度不会再像一开始那么高，但是产品触达的人群半径变大了，所以业绩扩大的速度比转化率下降的速度要快，总的业绩还可以继续上升。一旦产品把所有覆盖人群刷完几遍，就没有销量了，进入断崖式下跌。这次业绩下跌倒逼秋叶大叔去做渠道，以此为自己带来稳定的流量。

很多人都想做流量，但问题不是有没有流量，而是有没有渠道给你带来稳定的流量。有稳定的流量，就叫"形成了流量池"，才能持续运营。

如果我们注意观察，会发现很多人出过爆文爆款，有了各种头衔，甚至出过畅销书爆款课，已经很有影响力了，也可以说初步打造了自己的个人品牌影响力，但还是很焦虑，还是到处参加各种会、各种课来取经。我们把这种焦虑叫作"流量焦虑"，或者叫"没有流量的焦虑"。

面向 C 端的生意，如果没有扎实的流量基础，很快就会出问题。我们最早做知识付费，是赶上了时代红利。很多老师做了课程，给平台卖，按很高的比例分成，还能卖得不错，赚不少钱。但是这种红利现在已经没有了，因为平台开始要老师承担流量的成本。在红利期没有扎扎实实建立自己流量基础盘的老师，今后运营会很吃力。今天焦虑的不是买课程的学员，而是想靠卖课程谋生的自由职业者。学员不学，不买就行了，但课程不好卖，老师就没有收入。

那一个人的课程爆款了，算不算有流量？不算，这只能说明推课程的平台有流量，除非这些课程的销量是他自己带来的。

那一个人的图书大卖了，算不算有流量？不算，这只能说明卖图书的平台有流量，除非这些图书的销量是他自己带来的。

但是课程和图书的大卖，的确会给作者带来更大的个人影响力，也会带来一波流量，让更多的人知道他，从而有可能带来潜在的合作机会。

有流量池的意思是想办法与那些知道你的人建立某种直接联系，让你可以持续影响这些人，让这些人愿意为你的后续产品付费。

很多人的逻辑是"我要先出名，有了名就有钱"。我认为，普通人应该把这个过程理解为你先要赚钱，然后用赚的钱去购买流量，换取个人影响力。当你的个人影响力越来越大的时候，你才可以用影响力去置换别人的免费流量，让自己的影响力越来越大，顺便想办法让别人的流量用户成为你的粉丝，构建你自己的流量池。这样，你才能从一个有影响力的人，一个有一次性流量的人，变成一个有流量池的人。

如何判断一个人有没有个人影响力？只需判断这个人能否获得职务地位、社会地位、专业地位就可以知道。一个人的职务越高，社会头衔越多，专业成果越突出，他在某个特定圈子里肯定是有一定影响力的。

但我们光打造个人品牌还不够，还需要在成功打造个人影响力的基础上为自己构建稳定的流量池。

什么是有流量池的个人品牌？就是你在单位职务、社会职务、专业职务之外，还能稳定地影响一批人，这群人愿意收看你推送的消息，并对你的推送有基本的信任度。很多人的地位是来自位置，在某个位置上他能影响很多人；不在这个位置上，大家不一定会记住他，这就缺乏真正的流量基础。

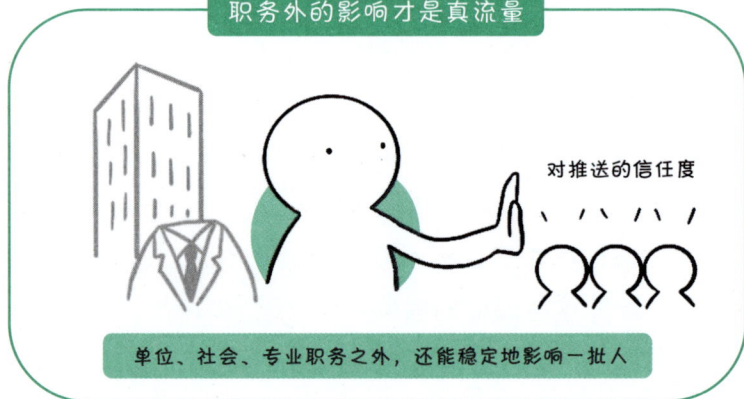

职务外的影响才是真流量

对推送的信任度

单位、社会、专业职务之外，还能稳定地影响一批人

有个人品牌的人不一定有流量，有流量的人不一定需要有个人品牌。好的个人品牌 = 有个人品牌 + 有持续的流量，有持续的流量才是有了流量池。

举一个例子。一个普通妈妈，可能她没有什么显赫的职务或专业身份，但是她运营了 5 个微信群，每个群都有 300 人。这些人很信任这个普通妈妈，愿意听她的意见买东西，那么这个妈妈就拥有 1 500 人的流量池，而且是商业价值很高的"妈妈流量池"。但这个妈妈不一定有所谓的个人品牌，如果这个妈妈想进一步提升自己的能量，就需要从这1 500 人开始，给自己卡一个个人标签，做大做强个人品牌。

再举一个例子。一个素人作者，因写了一本专业图书而爆红，一下子给自己的微博带来了几万粉丝，这就是有了个人影响力，也开始有了自己的第一批粉丝，这是一波很大的流量。但是这个素人作者不喜欢与网友互动，只喜欢自己一个人思考、写文章、与专业人士交流，所以发的微博也不多，而且话题也不见得是读者喜欢看的内容。因为缺乏有意识的运营，这些微博粉丝也就慢慢淡了，关注其他人去了。这样的作者就是有一个很好的个人品牌起步，而且得到了很好的起步流量，但因为不愿意投入精力进行维护，这些流量也就慢慢地流失了，他也没有真正的流量池，只是有一个粉丝数还不错的微博。

判断一个人有没有流量池并不是看他的微博、微信有多少粉丝，我们认为有以下四个标准。

（1）粉丝有一定规模。

（2）可反复触达关注的粉丝。

（3）每个月都有稳定的新增粉丝。

（4）可以做商业变现。

用这四个标准就很容易判断一个人真实的流量潜力。例如，一个人说自己有百万真实的微博粉丝，我们就应该去观察这个人的日常微博阅读量大致稳定在多少，这个数字的高低反映了他真正能反复触达的关注粉丝的规模。如果账户有稳定的阅读量，说明他的粉丝和他本人的账户之间建立起了黏性，有持续运营的可能性。

如果一个人的账户新增粉丝很少，甚至是负增长，那说明他的流量在萎缩，慢慢就会失去生命力，需要想办法运营以提升流量池的规模。

从商业角度来说，如果一个人的流量规模很大、很稳定，但不去做任何变现，这是很浪费的。如果你不是政务机构、学术机构、公益组织，你的流量池必须有商业变现的能力，这样才有运营的回报，才能实现可持续发展。

用以上四个标准来判断，很多人其实缺乏持续的流量，所以总在为事业规模的扩大而焦虑。反过来说，我们必须建立流量池运营的思维。

没有导流的分享都是浪费

有流量池思维的人，采取任何行为都要考虑如何将外部流量导流到自己的流量池。没有流量池思维的人，往往完成了某项工作就非常开心，却忽视了流量的巨大浪费。

举一个例子，很多人有了专业知名度或影响力后会收到很多邀请，如做线下讲座、做线上分享，这些都是很好的导流机会。但是很多人做分享时，完全没有做导流设计，或者只是简单粗暴地做了导流设计，并没有什么效果，这就是浪费了流量。

例如，我们在微信群做分享，至少要做这样几件事才有可能实现合理导流。

（1）与线下活动的主办方沟通，明确其可以为自己导流，你才能答应去做免费分享。

明确可以导流，再做免费分享

吸粉圈流量，要提前和主办方沟通好

邀请你做免费分享，又不让你将流量导流到自己的流量池，其实就是用所谓的流量池规模换别人的免费付出，不合适。我们去别人的流量池做分享，一定要和别人沟通好，不能认为我去做了分享就可以吸粉圈流量；如果别人付费了，意思就是"我已经为你的劳动付出了成本"，也希望你尊重主办方，能不能圈粉需要和主办方商量。

（2）想好把用户导流到哪里最符合你的实际情况。

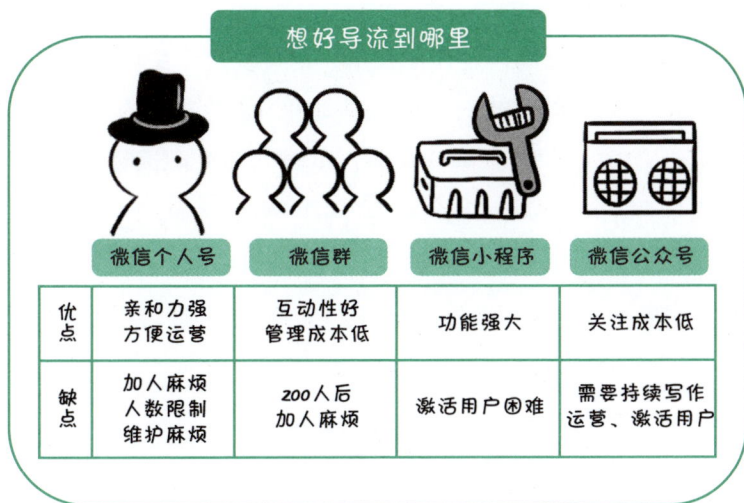

	微信个人号	微信群	微信小程序	微信公众号
优点	亲和力强 方便运营	互动性好 管理成本低	功能强大	关注成本低
缺点	加人麻烦 人数限制 维护麻烦	200人后 加人麻烦	激活用户困难	需要持续写作 运营、激活用户

如果在微信群分享导流，你要提前规划好把用户导流到哪里；是你的微信个人号，还是新建微信群，还是微信小程序，或者是微信公众号。导入不同的容器，难度不一样，效果不一样，后续激活成本也不一样。

我们建议，若用户数量少且优质，那么直接导入微信个人号更好；如果用户多、基数大，那么让其关注微信公众号是一个好选择。

（3）设置一个让用户关注你的理由。

用户每天都面临着各种各样的注意力诱惑。用户的注意力，不用在你这里就用在别人那里，随时产生、随时花掉——每个千方百计参与这场"注意力争夺战"的商家都是你潜在的竞争对手。

所以，你需要回答一个问题：为什么潜在用户要关注你？为什么他们花费时间关注你是值得的？

在微信群做分享质量高，是让潜在用户对你快速产生信任的手段。你需要别人关注，那么你还得提供一个充分的理由，如关注你的微信个人号，你可以私聊答疑；如关注你的微信公众号，可以回复关键词获得更好的资料；如加入你的微信群，可以认识很多有同样问题的人；如关注你的微信小程序，可以解决很多问题。如果没有一个好理由，那么主动关注你的人会大幅度减少，即便做了很多分享，也不会沉淀出自己的流量池，还容易浪费外部流量。

（4）尽快与新关注用户完成一次有效对话。

如果有新人关注我们，就应该想办法完成一次有效的对话，争取通过对话创造进一步了解的机会，给用户加标签，或者由此带来潜在的销售机会。

如果用户刚刚关注你，就得到一次有效的一对一服务，他们会感觉很好，进而产生更大的信任感和需求。如果用户刚刚关注你，还在热乎劲上都没有人跟进，那么用户也很容易流失。

有人说，如果全部加个人号一对一私聊，成本太高。其实可以让用户加微信公众号，微信公众号可以通过自动回复功能完成与用户的多轮对话；我们也要识别出多轮对话的用户，给予单独对待。

为什么流量很容易浪费？第一是很多人不知道流量是需要付出巨大成本才能获取的；第二是运营流量成本比大部分人预期的要高很多；第三是看不见自己手上流量的价值，无法变现就无法投入。

如今很多人想出书，希望书出版后会带来流量，这种想法是很天真的。书出版后不一定有销量，需要你去推广才有新的销量；有了销量并不一定会自动变成流量，要变成流量首先得书写得好，大家愿意口碑传播，其次是你有办法让这些读者与作者建立直接联系，否则这些流量就会丢失。

实际上大部分作者出书后，和读者都没有什么联系。甚至很多作者担心读者买书加了自己的个人微信号后，会提出各种问题，不胜其烦。这是因为作者认为服务读者的成本非常高。那么我们一起来看一下，有流量思维的作者会如何解决这个问题。

有流量思维的作者，绝不会把读者买书当作结束，而是把它看作为一部分读者提供更专业服务的开始，一定会有更多的图书、网课、一对一咨询、线上课、线下课等系列产品等着读者来选择。只要有足够多的产品能养活后端人群，那么作者自然不担心出书后养更多人去给读者做一对一服务。

一般来说，图书如果销量不错，接下来最好把读者导入微博或微信公众号；即便没有后续产品变现，也要留存与读者的弱连接关系。这有助于沉淀个人的影响力。至于怎样导，就需要设计很多导流细节，如表6-1所示。

表 6-1　图书常见导流位置设计

图书导流位置	常见导流方式
封面	设计腰封，提供作者的微博或微信公众号信息
前勒口	在作者简介中提供作者自媒体的二维码，以及关注后能获得的福利
前言	提供明确的作者联系方式和联系理由
正文章节换场页	提供作者的网课链接，在网课页面提供作者自媒体的二维码
正文内页	结合书的内容提供相关内容资料包，扫描作者自媒体的二维码获取
后勒口	介绍作者的其他图书
封底	提供作者的资料包下载获取方式
书签	提供作者的资料包下载获取方式
赠品	提供作者的资料包下载获取方式
网店详情页	提供作者的资料包下载获取方式

需要说明的是，因为图书审核标准的变化，导流方式的审核尺度会有动态调整。

其实不管是图书、网课，还是线上分享、线下讲座，我们只有采取类似的导流策略，争取在每一个位置都抓住导流的机会，才能形成一个完整的闭环，否则都是流量的潜在损失，只是我们自己过去没有沉淀流量，所以不知道自己在损失流量而已。

不管哪种渠道，要把用户导流过来，都需要给用户提供有吸引力的福利。我们建议，知识 IP 想办法积累一些原创、有价值、排版精美的资料包，不一定多，但质量要足够高，要对网友有内容吸引力兼视觉冲击力，而且这种资料包应是数字产品，复制成本很低。影响力产品的举例及特点如表 6-2 所示。

表 6-2　影响力产品的举例及特点

影响力产品	举例	特点
数字产品	干货文章、免费网课、资料包、免费软件	一次制作，定期升级，反复扩散
服务产品	群分享、直播、线下讲座、发布会、高端论坛	人脉越强，势能越强，效果越强
实物产品	图书、产品体验装、试用产品、品牌文创产品	设计要求高，制造成本高，管理成本高
激励产品	群红包、实习机会、活动名额、工作机会	品牌势能决定一切

请大家一定要理解，不管基于哪一种流量媒体做流量池，成本都会持续增加，直到流量成本和其他媒体平均转化率接近。不管是做微博、微信公众号、微信个人号，还是做抖音、快手，一开始都是流量红利期，然后流量成本都会急剧增加。很多人会焦虑是因为在竞争压力下，利润越来越薄，覆盖不住快速增长的流量成本。为什么流量成本在增加呢？答案很简单，有流量便宜的地方，大家都会来竞争，最终变成谁要获得同样的回报，都要付出更大的努力。

所以，请珍惜你每一次线上和线下的流量，做好导流设计。

6.3
用流量池思维构建渠道矩阵

我们强调，一个好的流量池是动态平衡的，意思是我们必须有一个容纳流量的主容器，这个容器可以是微博、微信公众号、微信个人号、抖音、快手等任何一种形式，但是这个流量池的新增粉丝不能只进不出，也不能只出不进，一定是一个有进有出、争取进大于出的动态平衡过程。

流量池思维

好的流量池=
有转化的新增用户，取关的用户

如果你没有一个能触达潜在用户的流量池来满足这个公式，运营就会陷入流量焦虑。

如果一个流量池总是原来的几个人，那么这个流量池缺乏新陈代谢，容易老化。如果一个流量池流出的规模大于注入的规模，那么这个流量池就在萎缩，对应的你的影响力也在下滑。

如果我们做出了有影响力的事情，发现自己正在流量上升期，得到很多资源的合作机会，那么一定要记住，这是你做大流量池的最佳时机。我们一定要与有温度的流量渠道建立合作关系，或者持续经营这样的流量渠道，使之成为我们流量池的活水来源。就好像我们的流量池是一个大湖，但是要维持大湖的水位，我们必须开拓不同的支流，让水汇总到我们的湖水中。

以秋叶大叔的微信公众号为例，他是如何打造流量池的呢？

秋叶大叔的公众号流量池

秋叶大叔要增加自己的微信公众号订阅者，仅仅靠自己的公众号文章，在今天是非常困难的，即便写出爆文也很难增加太多的粉丝。甚至如果依赖微信文章加粉，绝大部分公众号的粉丝数量反而会减少。

为了保证自己的公众号的精准受众还能持续增加，秋叶大叔在运营之初就打造了一个导流渠道矩阵，所以秋叶大叔的微信公众号哪怕内容质量有波动，粉丝数量也始终是增加的，每天都是正增长。秋叶大叔微信公众号流量池导流渠道的设计如表 6-3 所示。

表 6-3　秋叶大叔微信公众号流量池导流渠道设计

导流模式	导流方法
纸质图书	图书是秋叶大叔微信公众号导流的最大渠道，秋叶大叔的每本新书都会提供他的微信公众号联系方式，让大家回复关键词到公众号下载配套的 PPT 课件。如果图书销售稳定，通过这个渠道每天能新增 50 人，一年新增 15 000 人
线上分享	线上分享，如果一年保持 50 场的规模，一次平均真实覆盖 600 人，一年就是 30 000 人；把分享质量做好，做到 10% 的关注转化率，就是 3 000 人
线下讲座	线下讲座，如果一年保持 50 场的规模，一次平均真实覆盖 100 人，一年就是 5 000 人；把分享质量做好，做到 50% 的关注转化率，就是 2 500 人
大号导流	在秋叶 PPT 大号定期发文章，做活动引导关注，一年可新增 3 000 人
公众号文章	不定期写出爆文，加微信活动，一年可新增 15 000 人

这样计算下来，秋叶大叔的微信公众号每天平均可以新增 100 人，一年是 35 000 人左右；考虑每天微信公众号平均还会流失 50 人，等于一年净增长 17 500 人左右。

经过这样的细致拆解，我们就可以理解自己的流量来自哪里，哪些渠道有潜力，哪些渠道潜力不大，是否要开拓新的引流渠道。

大家会注意到线上分享和线下讲座要成功组织起来，需要组织成本，也需要时间成本，还有各种资源互换的成本，带来的粉丝并不一定特别多。但是这些渠道有助于让别人近距离了解你，粉丝一旦认可，黏性很强，所以还是非常需要这样的活动。

图书其实是最愉快的引流渠道，图书的持续销售，给自己带来新的流量，还有稿费收入，不需要作者额外做什么。但这对图书的内容质量提出了很高的要求，否则也不能起到引流效果；而且图书必须在启动期推广到一定的规模，才能沉淀足够强大的口碑，在后期形成稳定的销量，进而带来公众号粉丝的增加。

秋叶大叔微信公众号的一大引流渠道曾经是微博，但现在微博会屏蔽导流微信公众号的信息，所以通过微博给微信公众号导流的难度大大提升。但如果开通微博超级会员，一年愿意出 5 000 元费用，那么微博新增用户会设置"自动关注回复"功能，通过"自动关注回复"引导语还可以引导一部分人关注微信公众号。这就是构建渠道的成本投入，当然，这还不包括秋叶大叔运营微博的投入成本。

每一个引流渠道都必须考虑引流的成本投入，如果引流成本过高，就要想办法优化成本，甚至放弃引流。因此，流量池的渠道构建也是一个动态的持续更新的过程。

任何一个想持续运营好个人品牌的人，都应该在有了一定的个人品牌影响力之后，明确自己的主流量池，想办法给主流量池构建可以持续稳定导流的渠道。不去做这个运营动作，一个人即便靠几篇文章爆红了一阵子，沉淀的粉丝如果又不能靠新的文章持续激活，很快就会发现文章流量一过去，一切似乎又回到了原点。

6.4

沉淀用户，必须创造三次触达机会

有了流量池，而且流量池里的人数在增加，是不是就够了？答案是否定的。

我们有一个用户运营的概念叫"新鲜期效应"，一个用户关注你，对你的内容保鲜期很难超过三个月，如果在三个月内没有反复刺激用户，强化其对你的内容认同，甚至将其转化为付费用户，那么这个用户一定会流失。永远不要把你的商业建立在三个月以后会怎样，如果三个月内不能变现（或者实现规模的高速增长），你的商业失败概率很大。

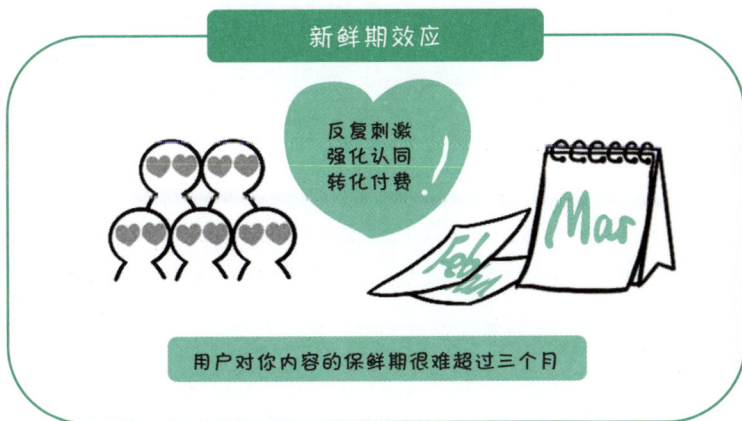

新鲜期效应

反复刺激
强化认同
转化付费！

Febru Mar

用户对你内容的保鲜期很难超过三个月

比导流成本更高的是用户流失的成本。导流成本往往是显性的，大家看得见，反而会重视；用户流失的成本往往是隐形的，大家不容易统计，反而会忽视。

沉淀用户，放在一个流量池远远不够，必须创造三次以上的触达机会。这里的触达机会分为两个方面，一方面要让你的主流量池尽快有三次触达目标用户的机会；另一方面要想办法让你的用户与你有三个以上不同的连接渠道。

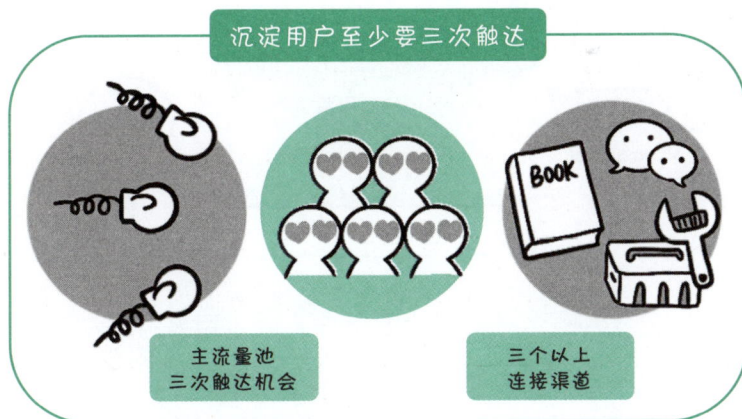

沉淀用户至少要三次触达

主流量池
三次触达机会

三个以上
连接渠道

比如，读者关注你的微信公众号，你就得想办法写推文让他们看见，而且你写的内容要让读者有兴趣看更多的内容，读者连续看你的推文三次以上，才有可能成为你的稳定读者。在其他的自媒体平台，读者在短期内有没有去看你的短视频、微博、文章，直接决定了平台的算法是否判定这个读者关注你的内容。如果系统判定读者并不关心你的内容，那么以后即便你写了推送，大家也看不见，这其实意味着流量损失了，非常可惜。

如果读者关注的不是微信公众号，而是抖音短视频，那么就意味着你要想办法让用户在未来一段时间内能多次看到你的短视频推送，这就意味着你必须保持高频率且同品质的短视频输出能力，否则用户很容易滑过你的短视频，导致系统认定你的数据不佳。

简单点说，如果你的流量池没有做持续内容输出的运营计划，那么这个流量池很快就会变得很难激活。

好的内容不但可以最大限度地激活用户，还能让激活的用户转发传播，带来更多的流量。

所以，我们说会运营的人对刚刚关注自己的用户，不管其在哪个平台，都会想办法创造一对一私聊的机会；私聊的时间越长、内容越多，创造的后续触达点就越多。

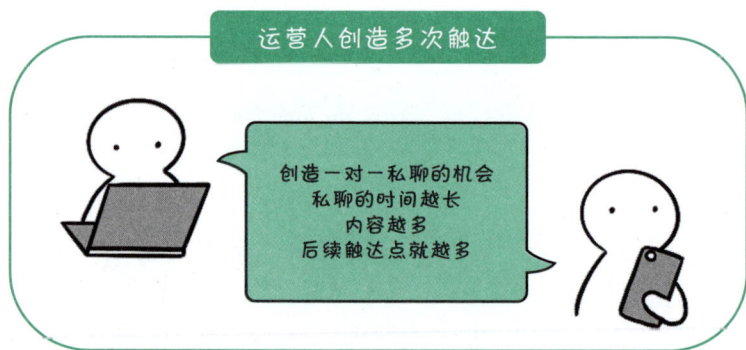

以微信公众号为例，对新关注的用户，应该用好"关注后自动回复"功能，鼓励用户和你对话，这样你就有办法安排一对一的用户会话，在会话过程中你就可以推荐用户看你的更多文章，形成多次触达。当然，你也可以想办法日更推送，这也可以创造很多后续触达的机会。

很显然，好的自动关注回复＋好的日更文章组合，会创造最大的用户触达机会，最终使流量池运营的活跃度提升一两个档次。

另外，今天的用户注意力分散在不同的平台，你很难指望只用一个流量池留住用户，所以我们还需要建立用户分级管理。越是核心的用户，你越是要和他形成多个载体的触达。

对于你的铁杆读者，你应该想办法邀约他们参加你的线上活动，把铁杆粉丝先筛选出来，加微信群、加个人助理微信号，这就形成了三重触达：微信公众号、微信个人号、微信群。

铁杆读者的三重触达

微信众公号
邀约参加线上活动

微信个人号
加个人助理

微信群
加粉丝群

未来我们可以通过微信文章、微信朋友圈、微信群消息、微信私聊4 种途径给铁杆读者传播信息，最大限度地降低因信息源单一而使读者错过消息的概率。

例如，在网易云课堂报名参加秋叶大叔的 PPT 网课的学员，客服会在他们成功付费报名后，约他们加微信群，让他们去微博交作业打卡，鼓励他们关注微信公众号"秋叶 PPT"，顺便还鼓励他们关注抖音"秋叶 PPT""秋叶 Excel""秋叶 Word"等账户。这里有一点很重要，我们不是为了让学员关注我们而关注，如果学员需要答疑服务，利用微信群是最快的；如果网课学员要提交作业给老师点评，微博是比较好的通道，毕竟在微信群里晒作业对其他学员是一个刷屏干扰；如果想学习更多的 Office 知识，微信公众号和抖音都是非常好的文章及短视频载体。

一旦学员在多种维度关注了我们的媒体平台，那么我们有什么活动或产品推出，触达他们的渠道就非常多。一个人在多次触达的环境中，往往会产生参与的想法；如果一个消息只从他眼前滑过一次，很可能真的滑过去了，没有任何效果。这也是我们为什么要强调多平台触达的价值，何况单平台反复刷活动或产品信息还容易掉粉。

如果铁杆读者对我们有强烈的信任感，那么我们应该想办法提供他们需要的产品或服务，通过形成消费关系，强化与读者之间的连接。从免费到付费，是一次强关系跃迁。

一般刚刚关注的新人对流量主会有新鲜感，但新鲜感的周期只有一两个星期。在这一两个星期里，我们推荐任何产品或服务，只要文案和价格都设计得合理，他们都有试一下的可能，因为人要为自己的好奇心买单。

用户对你的第一次付费，更多的是基于信任，而不一定是对产品或服务的认同，这个阶段的粉丝叫付费粉丝。一旦有了消费关系，发现你的产品和服务品质不错，就有可能多次消费，这才是真正意义上的付费用户。

从付费粉丝到付费用户的转变是很难的，因为粉丝基于信任购买，其实也意味着他们对产品或服务品质的预期是很美好的，一旦你做得不到位，反而容易因为预期落差导致铁粉失望，带来各种纠纷。

所以，流量池也是一个漏斗池，每一层漏斗都需要精心设计。

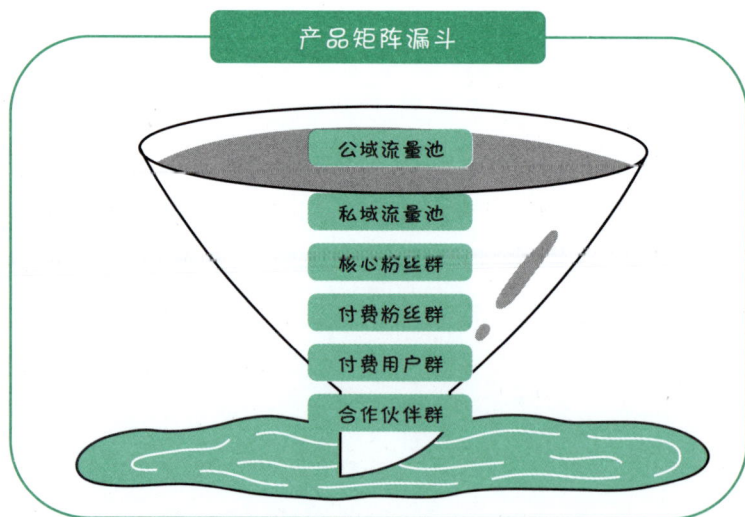

产品矩阵漏斗

公域流量池
私域流量池
核心粉丝群
付费粉丝群
付费用户群
合作伙伴群

真正认可个人品牌的付费用户，是很容易发展成事业合作伙伴的。一旦有了足够规模的事业合作伙伴，个人品牌就可以向团队品牌、事业品牌发展了。

6.5
如何获得免费流量机会

运营新媒体流量，最值得关心的只有三点：流量大不大，转化率高不高，得到有效转化的成本高不高。

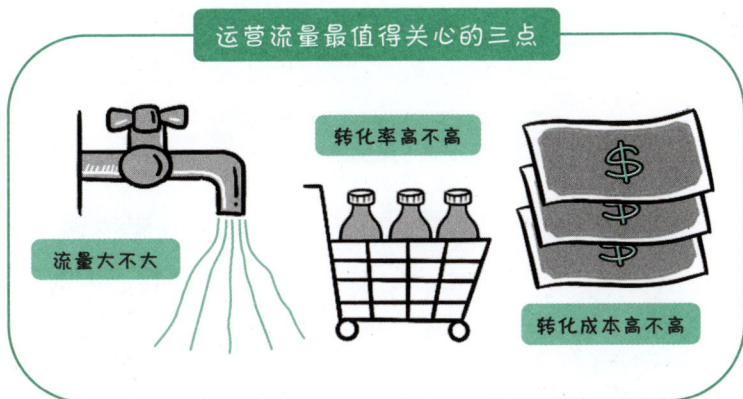

运营流量最值得关心的三点

流量大不大　　转化率高不高　　转化成本高不高

如微博流量很大，但能落到自己头上的微博流量并不大，写热门话题能有阅读量，但很难沉淀粉丝，综合算下来，转化成本并不低。

转化成本要看当期转化率，也要看用户复购率，还要评估用户客单价，最终评估获取一个用户的成本是否值得付出。

对企业而言，可以持续投放广告获得新流量，或者养内容团队创造新流量；但对个人而言，特别是处于起步阶段、想打造个人品牌的个人，要付出成本获取流量，经济压力太大。所以很多人希望能获得免费流量关注。

获得免费流量关注这个想法其实从一开始就是错误的，无非是你在缺乏资金的情况下用其他的资源置换流量。用你富余的或相对不稀缺的资源，去换取别人的流量，这才是解决问题的思维。流量的成本始终在那里，只是我们用相比别人成本低的资源去置换。

最大的流量在各个互联网平台上。除了抢平台政策红利期流量外，还有哪些方式可以帮助我们从平台获取低成本流量呢？可以参考表6-4。

表6-4　低成本置换平台流量的方法

置换方法	操作要点
用才华换	你有好内容，平台送流量（做网课、直播、内容）
用福利换	你有好东西，送平台用户（必须有后续产品）
用人脉换	你有好关系，平台送流量
用体力换	你有好产出，平台送流量
用热点换	发现好热点，赶紧蹭话题
用金钱换	发现够廉价，马上去花钱
用运气换	你也不知道，反正就是火

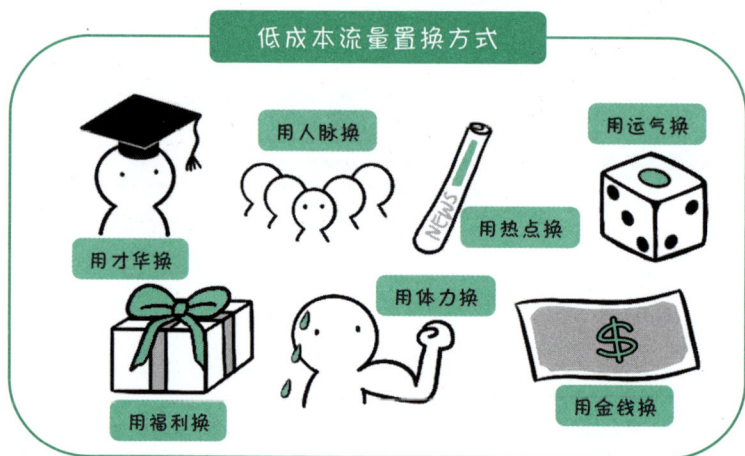

低成本流量置换方式

平台上的流量，现在越来越多地是靠机器分发，机器只认符合机器规则的内容质量，用人脉换流量的难度越来越大。花钱倒是有机会，但是普通人并不懂新媒体，也没有持续跟进新媒体投放成本，即便有低成本投放机会也看不见。普通人即便知道广告价格很低也没有用，因为没有什么广告是简单投放后就见效的，后面还需要做跟进转化，普通人很难养得起这种团队。

最终，对大部分普通人来说，除了拼体力写平台需要的热门话题内容外，其余的模式都很难走通，除非你加入的 MCN 看好你，愿意给你投资源。但是我认为天天拼体力写热点文章，不大可能是搭建个人品牌的路径，只能理解为这是一种职业，一种通过擅长写热点文章的能力谋生的职业。这种追热点的文章写得再多，也会因为缺乏专业性和深度，很容易被替代，也很容易被人遗忘。

我觉得，对知识型素人而言，最简单的方式是加入有个人品牌的人开设的优质付费社群，规模也不需要大，100 人以上就可以。

进入社群后你只需跟着正常节奏去学习，但是你要努力将你的学习内容分享出来，让大家对你有特别深刻的印象，进而人人愿意链接你。

在 IP 训练营第 7 期，有个成员叫小呆乐，是一个国企的普通员工。她画的手绘特别有个性，她每次听了别人的分享就画出非常精彩的手绘作品，给大家留下了深刻的印象。凭着这手绝技，很多人要加她好友，跟她学手绘。

后来，她不但开设了手绘班，还因为自己的作品链接上了"得到"平台，成为张泉灵战队中的一员，参加了"得到"举办的知识春晚。我觉得这是一个非常成功的案例。

其实小呆乐一开始也是加入牛人圈子，跟着视觉手绘老师学习手绘，最后青出于蓝而胜于蓝，打开了自己的个人品牌之门。

无独有偶，在 IP 训练营有"学霸"之称的曾雨悦，自费报了很多线上学习班。在每个线上学习班，她的打卡作业又长又系统，让所有的同学都刮目相看，得到了"学霸"的称号，很多人加她好友。雨悦还主动做了易仁永澄老师的社群运营官，积累了很多社群运营经验，在 2019 年年底还被"橙为"年会邀约作为嘉宾上台分享。2020 年秋叶大叔约雨悦开发"高效学习"的训练营，鼓励她卡位"高效学习"教练做个人品牌，就是因为秋叶大叔认为她已经在很多付费学习社群沉淀了学霸人设，现在卡位这个个人品牌是很适合她的路。雨悦的个人品牌其实就是通过报所有爱学习的人的训练营一期期积累起来的，她的每一期训练营的优质作业的曝光，成了她起步时最好的流量。

6.6

如何激活老用户创造新流量

有了流量池，要经常做运营活动，激活你的老用户，让他们跟着参加新活动、购买新产品，甚至介绍新的用户加入。

我们把激活老用户创造新流量的流程分为四步：活动、扩散、圈存、服务。

激活四部曲

给力活动
圈存新粉
诱惑扩散
贴心服务

例如，一些有 IP 的朋友每到一个城市，就提前约粉丝见面吃饭，人不一定很多，但要有深度互动。粉丝和你见面吃饭，一定会约拍照，有新书合影更好。这些照片会在他们的朋友圈里扩散，有可能会带来更多的人和你链接。这样你就可以通过你的铁粉圈新的粉丝加入你的圈子，用你的产品、服务或活动吸引新用户参与，这就是圈存的过程。在这个过程中，如果新用户看到他认识的铁粉老用户积极参与，会产生认同，也放心地一起参与活动。我们要对新老用户都做好服务，让他们乐于参加我们的活动，慢慢变成长期的忠诚客户。

下面以"秋叶书友会"为例，介绍我们激活老用户、创造新流量的过程。

图书共读不是新鲜玩法，2015 年就流行过，所以后来才有那么多讲书人、领读人、带读人、拆书家。各种读书社群的兴起，都是大咖小咖带着一群人读书，出版社也支持。这种模式热闹了两年。

秋叶团队想做共读，出发点是想解决服务老学员的问题。秋叶团队遇到一个很麻烦的问题：老学员越来越多，有网课的、有训练营的、有各种答疑社群的。如果简单粗暴地把群解散，积累的流量就流失了，很可惜；如果把群留着，做不好维护它也会变成"死群"，还有人在群里乱发广告。

老学员的微信群，积攒了几十万人，这些群怎么管，怎么激活？怎样服务，怎么控制运营成本？过去一直没有好的解决办法。

另外，秋叶团队也编写了很多图书。作为图书的作者，过去一直也有一个很大的困惑——作者看不见读者。我们知道他们在网上，但是我们触摸不到。

所以，秋叶书友会想在买了书的人与图书作者之间建立联系，围绕图书作者和读者搞共读活动，好书还可以一期期地反复组织共读活动。

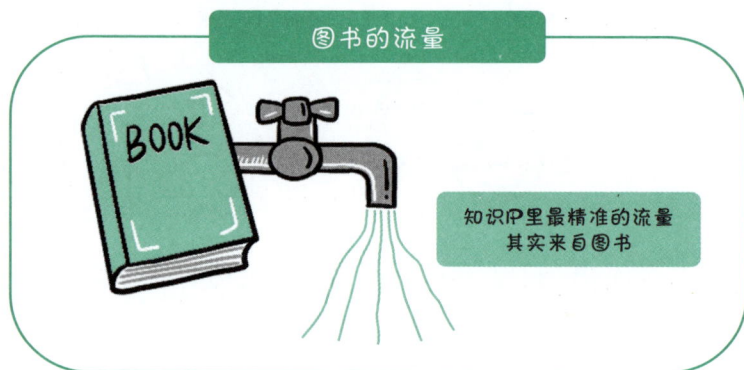

更何况知识 IP 里最精准的流量其实来自图书。

为什么这么说呢？

第一，到京东、当当、天猫上搜知识 IP 的人，一定是一个想学习的人，否则他会直接去天猫看直播。

第二，喜欢同一本书的人，自然地希望在一起交流。

第三，爱读书的人自己就会分享，不用你教。他看到一篇好文章、好句子，会用各种方法去分享，甚至做好看的手绘笔记，这对扩大影响力很有用。

所以，图书读者其实是打造一个知识 IP 的非常好的优质流量，只不过作者不知道如何利用这些流量。

为什么不知道怎样利用呢？90% 的商业书是从网店购买的，对于网店销售的书，我们如何找到读者，吸引他们来参加共读活动呢？

樊登读书会做得非常好，大家交钱听樊登老师读一年的书。但是现在消费者的耐心越来越弱，所以秋叶书友会的活动设计是一周共读一本书，每天一小时，尽量减少读者的阅读负担。要让普通人每天读一个小时，连续读一个月，其实没有几个人做得到。但是一周读完一本书，每天跟着大家一起读、一起分享，其实还是蛮有成就感的一件事。

另外，秋叶书友会还有一个福利：如果作者在国内，我们会邀请他来到读书群，请他直接为读者答疑。很多读者因为参加读书会，有了跟作者近距离接触的机会。

这种活动的参与门槛是只需真的买了一本书，其实门槛非常低，但能够把真正愿意读书的人筛选出来。

整个活动借助秋叶团队的流量发起，利用秋叶大叔的 IP 号召力、秋叶团队的新媒体矩阵，以及一些合作的图书作者和出版社，把读者聚集起来。

这就是秋叶书友会策划的有吸引力的活动，激活自己的老粉、老学员，在半年时间就激活了 1 万人，而且活动势能越做越大，现在基本上每场活动都可以很轻松地做到 1 000 人来共读。

来了这么多人，能不能让大家帮我们去扩散？

每期活动满员，秋叶书友会就会做一个满员的海报，我们会请所有参加共读的书友发到朋友圈。大家也很开心地积极配合，这样就把活动的势能借助参加的书友扩散出去，吸引更多的人来加入书友会。

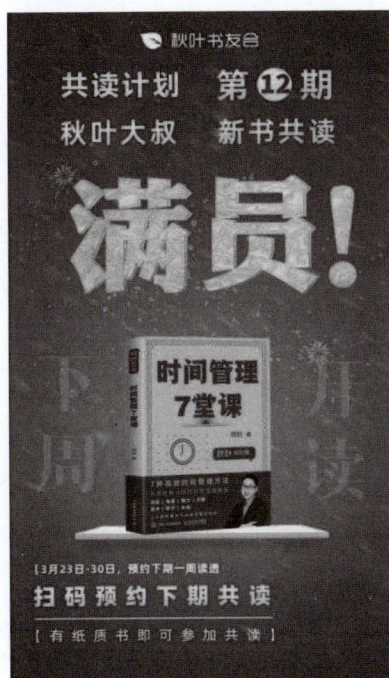

另外，我们鼓励所有参与的书友写书评、做分享。只要书评写得好，书友自己就会扩散。但我们希望书友扩散的时候带一下秋叶书友会，那么就会有人问这是个什么活动，就会把他身边的朋友带进来。

　　秋叶书友会还做了一件很漂亮的事情。你们会发现，在豆瓣和当当上，很多书评是秋叶书友会的书评，那是因为秋叶书友会引导书友去豆瓣、当当、京东等平台发书评。这些书评并不是"水军评论"，而是书友们读了书以后写出的真实感受。如果有人在豆瓣看到某本书的书评，发现里面带有秋叶书友会的标签，于是找秋叶书友会共读，这也是一种扩散。

　　很多爱读书的人都会手绘，秋叶书友会就把这些手绘做成高质量的笔记卡片扩散出去，在笔记上面带上 Logo 或二维码，让更多的人找秋叶书友会。

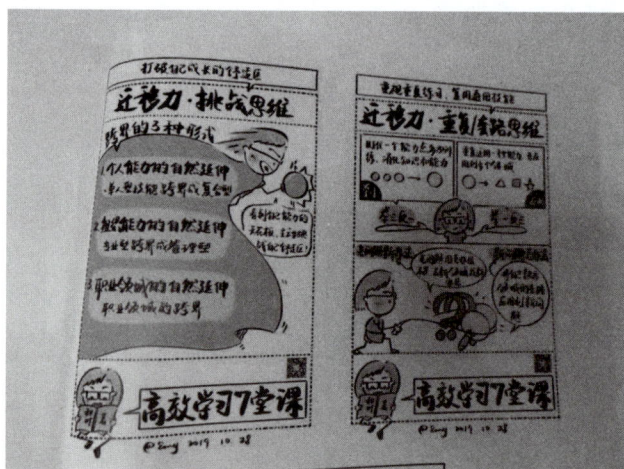

　　秋叶书友会激发了书友的荣誉感、获得感，鼓励他们自发去晒学习心得，从而给秋叶书友会带来了持续的口碑扩散，引入了新流量。

　　把书友会的人招进来，对秋叶书友会来讲不是最难的事情，毕竟有一个流量基础。如果来的人体验不好，这件事也很难持续，所以必须非常重视书友会的运营体验。

　　秋叶书友会有专职运营官，负责整个线上读书社群的日常管理，核心动作就是在这一周里老老实实地读书。每本书还专门找了领读人，每个人负责这本书的一章或两章领读，告诉大家这本书里的内容你应该怎么读、怎么看。在阅读期间秋叶书友会是重运营、重投入、重体验，每天早上有"猫宁官"向人家问好，鼓励大家起床看书，还有"手绘官"，把大家做的作业、好的书评，全部用手绘的方式画出来，还有专人鼓励和指导大家写书评，给大家看优秀书评的范本，希望大家读完书写出优质的书评。

有人会问，秋叶书友会如何赚钱，做到持续盈利呢？难道一直当一个公益项目来做吗？

秋叶书友会的回报也很简单，在2020年至少要做8期大型的共读活动，每期至少1 000人，争取两期做5 000人的规模，这个规模在出版行业是有影响力的，会有很多出版社来谈合作。

秋叶书友会计划开办付费阅读教练营，分享怎么做共读活动、做共读教练，把共读的整个运营模式全部教给大家，发展大家做共读合伙人，让大家不但可以共享书友会后端图书等产品的销售佣金，还能围绕共读建立自己的小流量池，让自己的个人品牌有一个好的起步。

如果整个秋叶书友会的模式跑通，就是一个非常好的激活老用户创造新流量的设计，而且这个设计还能创造出更多的消费和收入机会。

激活老用户的本质，是用新的活动激发他们的参与热情，让他们在体验过程中得到惊喜，从而愿意帮活动发起方宣传，带来更多的口碑流量。在这个过程中我们可以筛选出有意向深度合作的人，将其变为长期合作伙伴，这就等于为我们的流量池带来持续的流量。

6.7

做个人品牌一定要做社群吗

秋叶大叔是用"三条线思维"来规划内容创业者的产品矩阵的，如

表 6-5 所示。

表 6-5 三条线思维的类型及特点

产品线	具体类型	特点
标准产品	新媒体、出版物、网课	价格低、服务轻，是导流产品
个性产品	在线训练营、线下培训、定制服务、社群	价格高、服务重，是现金流产品
电商产品	文创、延伸电商	有品牌势能，利润来自复购

内容创业者直接做电商并没有太多优势，但是内容创业者如果能通过好的内容把人留下来，而且运营好社群，得到付费内容学员的认可，那么就有可能让社群成员愿意跟着自己一起买，进而让自己的商业势能从内容消费切入实体消费。

打通这个链条，就可以形成"低价导流的标准产品→高价重服务的个性产品→有品牌势能的电商产品"的商业闭环。电商产品的复购会长期留存忠诚用户，留住忠诚用户后，个人品牌运营者就可以两条腿走路，一条腿是做内容付费业务，另一条腿是做社群电商业务，从而获得更多的商业可能。

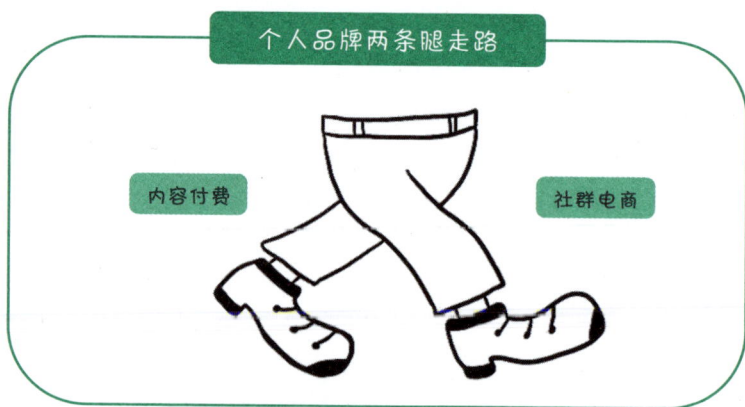

做教育的个人品牌者是必须要运营学员群的，因为不管是线上还是线下，今天的报班学员都在微信群里，教育又是一个长周期的学习过程，它需要陪伴服务，从而让学员坚持学下去。教育需要学员深度学

习，需要老师直接接触学生，这样才能对学生进行有效的管理和培养；而培训一般就一两天、三五天，没必要增加成本去运营社群。

培训行业的趋势是在线下培训服务上增加一个短期的线上学员群答疑服务，这样做的好处是可以为培训学员提供一个短期强化、后续落地的服务，避免学员在听老师讲完后因为缺乏足够的强化训练而遗忘。但是这种学员群周期短，学员又往往是一个单位的，很难变成运营社群。

如果培训师有不同行业、不同单位的铁粉学员，把他们组织到一个群深入交流，发展成自己的线上答疑群助教，甚至是线下助教讲师，这是很可行的。

有个人品牌的图书或网课作者，其实是适合做社群的，把全国各地的读者或学员组织起来，这是一笔很宝贵的流量。但是绝大部分作者缺乏管理书友的精力和社群运营经验，如果让作者直接面对读者或学员，会带来大量的无效沟通和答疑工作量，反而让作者陷入低效率工作状态。除非作者能够发展出有合理回报率的后续产品，继续转化筛选出购买后续产品的用户，才有动力做持续的社群运营。

反而是电商品牌，不管是个人 IP 打法还是产品品牌打法，都一定要做社群，因为要对有复购的老用户进行分级管理，提供更好的福利，留住老用户和口碑。过去管理老用户是采用会员制，办卡发短信；今天因为有了社交媒体，企业自然选择基于微信群做社群运营。其实最早做社群的微商都是电商，他们从各个导购平台囤积了上万甚至几十万微信好友，早就用微信个人号 + 朋友圈 + 铁粉微信群的方式管理自己的用户。

如果是创始人 IP，必须做圈子、做人脉、做社群。创始人要么加入高端社群扩展人脉，要么自己有足够的势能，把气味相投的人组建成一个社群。创始人在群里互相交流、互相学习、互相帮助，就能成为商业上的一个好圈子。

咨询行业的朋友其实做社群的价值不大，但是加入优质社群打开眼界、学习运营方法的价值很大，这一点和创始人 IP 类似。因为咨询行业无论是服务 B 端还是服务 C 端，都强调专业保密性，甚至还有同业禁止服务条款。如一个高级理财顾问，能把他所有的高端客户拉个群吗？不可能，因为高端客户根本就不希望自己的任何隐私信息被第三方知道，这是职业规范。但咨询行业的朋友加入优质社群去发现自己的潜在客户，这没有问题。

如果不是因为基于兴趣社交、基于商业人脉加入或组建社群，那么要不要做社群，本质是问自己要不要把网上各个渠道的流量用社群的方式囤积在自己可以辐射到的渠道里。如果这件事有价值，就值得做；如果觉得投入的时间、精力与回报相比不划算，就没有必要跟风去做。

7 运营思维

如何做好运营以提高个人品牌效率

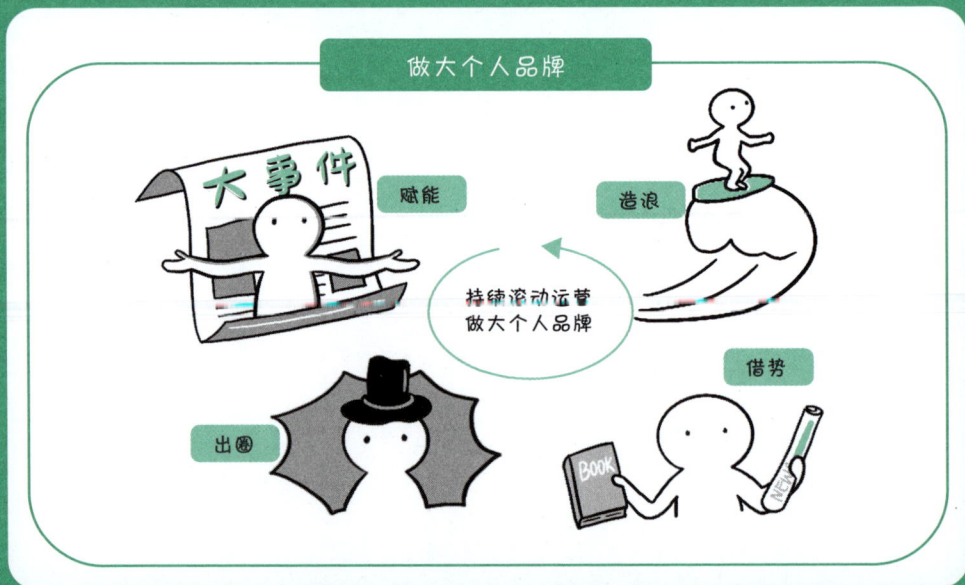

- ◆ 故事：个人品牌少不了一个好故事
- ◆ 赋能：你做的事越有能量，你就越闪闪发光
- ◆ 出圈：影响力越大，越要出圈
- ◆ 借势：用爆文打法来创造个人品牌存在感
- ◆ 造浪：用三重造浪思维放大个人品牌
- ◆ 整合：让自己的个人品牌价值最大化

7.1

故事：个人品牌少不了一个好故事

让一个陌生人了解并认同一个人，最快的方法是写一个好故事。

也许没有多少人想认识一个做 PPT 的人，但如果你说有一个大叔普通话都讲不好，30 多岁才开始学 PPT，现在拥有一个 100 多个员工的小公司，大家一定会产生好奇心，去了解这个人的经历。

NewBalance 讲了一个李宗盛《致匠心》的故事，品牌格调立马提升一大截……

褚橙讲了一个褚时健老当益壮的故事，赢了其他千千万万的橙子几条街……

所以有人说，谁会讲故事，谁就拥有世界。英文内容营销中有一个流行词叫作 storytelling，直译成中文就是"讲故事"。内容营销的本质，就是把自己的故事用别人喜闻乐见的方式表达出来，激发受众的阅读兴趣，搭建品牌与客户之间的桥梁。

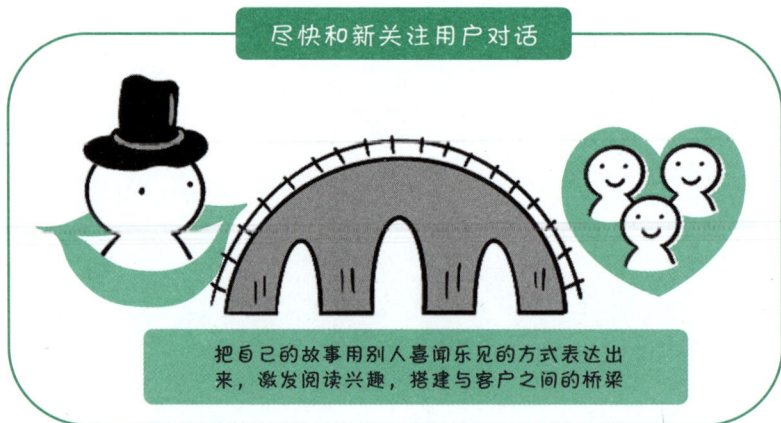

尽快和新关注用户对话

把自己的故事用别人喜闻乐见的方式表达出来，激发阅读兴趣，搭建与客户之间的桥梁

一个人要打造自己的个人品牌，就应该想办法写一个关于自己的品

牌故事。个人品牌故事有三种，分别是创始人故事、顾客见证故事、团队故事。

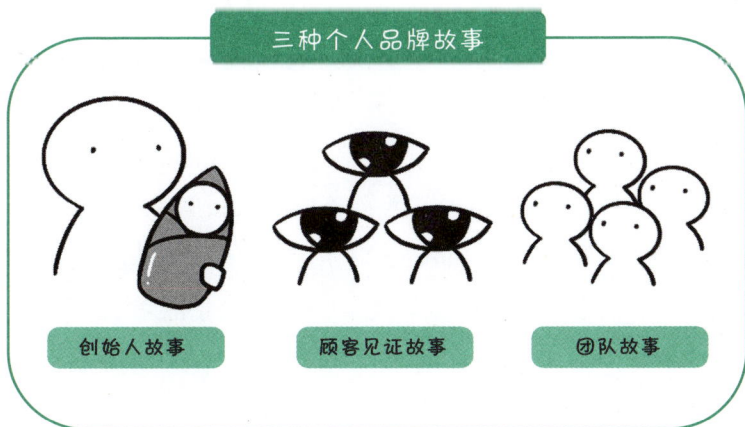

好的创始人故事，不是简单地宣传你的产品和事业，而是告诉别人你的经历，让别人对你的经历产生共鸣，进而对你这个人产生认同感，愿意主动去了解你做的事情。

好的顾客见证故事，会告诉别人你的产品、服务给他们的生活带来的积极影响和改变。

好的团队故事，会告诉别人你打造了一个有何种文化和价值观的团队，大家一起用何种方式为这个世界创造更好的价值。

常见的个人品牌故事结构如下。

我原来是一个怎样的人？——普通的人、有缺陷的人，让大家产生代入感："我也是这样的人啊。"

为什么要做你现在做的事情？——讲自己的初心、梦想被点燃的动机，让大家产生认同感："这件事真的很有意义。"

过程中克服了哪些困难？——被冷眼、被嘲笑、被打击、被背叛，普通人前进过程中遇到哪些阻力，我也一样经历过，甚至更难。

现在取得了怎样的成就？——不经历风雨，怎么见彩虹？吃了那么多苦，一定要给大家希望。

你希望认识大家后一起做什么？——给读者发出一个邀请："不如我们一起，让自己都变得更好。"

如果我们仔细观察，很多推课文案，整篇文案就是顾客见证故事+创始人故事的结合。特别是介绍老师的部分，就是一个缩写版的个人品牌故事，一个人逆袭的故事。被称为"台湾地区最会讲故事的人"的许荣哲说，讲好一个故事只要七步：目标（Objective）、障碍（Obstacle）、努力（Attempt）、挫败（Frustrate）、意外（Accident）、转折（Transition）和结局（Ending）。用这样的故事框架去看别人的个人品牌故事，去写自己的个人品牌故事，马上就会清晰很多。

当然，好故事仅有一个大框架还不够，一个鲜明的主题（改变命运）、极具个性化的主角（有识别度）、强化版的情节冲突（各种挑战）、丰富的细节描写（感同身受）缺一不可。这也被称为好故事的四大要素：曲折的情节（Plot）、丰富的情感（Emotion）、生动的细节（Detail）、突出的主题（Theme）。

除了文字版的个人品牌故事外，我们还应该为自己准备一系列推广个人品牌的资料，主要包括以下内容。

朋友圈：精美的个人宣传海报，推荐用九宫图版式，九张图拼起来能传达自己的各种理念。

社群：简短但有故事的自我介绍，吸引别人链接你。

条漫：比起大段文字，条漫更有故事性，也更易于传播。

表情包：拟人化个性表情包，让你的个人品牌理念通过表情包文案在铁粉中软传播。

视频：摄像语言最能全方位展现 个人的故事，虽然拍摄好的个人品牌宣传视频时间投入多、成本相对高，但是传播渗透力强，还是值得规划的。视频分个人品牌宣传视频、高端访谈视频和精品演讲视频三种类型。

这些都是个人品牌故事的表达载体，还可以有更多的创新表达方式。我们在规划个人品牌故事时，应该考虑适应不同媒体的传播特点，而且要结合自己的事业发展情况，定期更新自己的品牌故事，将其作为一项常规性工作。

个人品牌故事和日更文章的一个重要区别是不需要每天创作新的内容，而是一次性做出高质量的内容，然后在合适的平台分发。唯一要注意的是在不同的场合或场景下，我们需要多个版本的个人品牌故事来匹配。

假如你写出好的个人品牌故事，可以用在以下位置，方便新关注者了解你：（1）置顶微博；（2）微信公众号菜单。

做影响力传播：（1）发布微信公众号或其他自媒体推文；（2）请媒体转载扩散；（3）作为推广文案的素材；（4）作为对外接受采访的前期背景资料；（5）作为图书、网课的前言部分。

做社群扩散：（1）放在微信里收藏，在新社群介绍自己的时候进行扩散；（2）认识新朋友，在介绍自己的时候进行扩散。

同样，其他形式的个人品牌宣传媒介也可以一次设计、多处复用，而且我们也要注意分发和传播的沟通技巧，避免给人"王婆卖瓜，自卖自夸"的感觉。

7.2

赋能：你做的事越有能量，你就越闪闪发光

听过演唱会的人都知道，在台下的人无论多么努力地鼓掌，都很难被看见。摄像机顶多会扫过你的脸，出现在大屏幕上的那一瞬间，你会小小地激动一下，也就是一下而已。能被观众记住的人，永远是站在舞台聚光灯下的那个人。

一旦决心打造个人品牌，就要抓住机会让大家在舞台上看见你，这就是赋能对个人品牌打造的含义：搞定大事件，而且是让你脱颖而出的大事件。不管在哪个平台卡位，都需要有标志性 IP 赋能。

标志性IP赋能

大事件

搞定大事件

写出一篇好的品牌故事，是为赋能自己打好了基础，但这还远远不够，除非这个品牌故事能让大家愿意转发扩散，而且扩散到一定的量，形成了影响力，才是大事件，才是真正的赋能。

要想让你的品牌故事形成传播能量，要么你自己有足够的启动流量，要么有大号愿意帮你推广，这都不是轻而易举的事情。

我们认为，所谓赋能，包括表 7-1 所列的几类事件。

表 7-1　赋能事件及特点

赋能事件	事件特点
个人改变	搞定普通人想解决、但自己搞不定的痛点
投入巨大	敢投入普通人不敢投入的钱和时间，让自己学到真本事
收入倍增	比别人用更短的时间赚到更多的财富
影响扩大	搞定普通人搞不定，甚至想象不出来的事情
人脉变强	见到普通人见不到的人，并有实质性的合作

一个人一旦搞定了这样的大事件，就会被更多的人关注，吸引更多潜在资源邀约合作，这就形成了马太效应，强者越强。但赋能并不是说一定要一开始就让所有的人看到你的大事件，对普通人而言，可以让身边的一小部分人先看见自己的成长，让他们先成为自己的追随者，然后带着他们一起成长，争取一起搞一个更大的赋能事件，一个台阶一个台阶地跃迁。打造出人人称道的标志性赋能事件，也是一种口碑容器。

如有些人的"个人改变"事件是一个月内瘦身15kg，每天坚持花样做早餐，坚持读书打卡100天，每天跑一个马拉松。这些看似简单的事情，能天天做到，就了不起。普通人会特别佩服身边和自己一样的人，为了改变自己而成为一个自律的人，而且真真切切出现了改变。身边有这样的人做出明显的改变，会让普通人有很大的动力去努力，从而愿意追随身边的榜样，这样，坚持改变的人就拥有了第一批追随者，这是大部分人为自己赋能的第一阶段。

这个阶段赋能是比较容易的，因为做到这些你只需要愿意培养新的习惯，就能让人看到改变，但这并没有让你有本质的改变，所以这属于难度最低的。

为了不辜负追随者的期望，想打造个人品牌的人必然要走向更高强度的学习成长之旅，只有拼命输入，才能更好地输出。这就进入为个人赋能的第二阶段。

有的人喜欢买书学习，有的人喜欢买网课学习，有的人喜欢买大咖线下课面对面地学习。显然，去上大咖的线下课最花钱，也消耗时间和精力，但往往是花了大钱的人学习效果最好。因为花小钱学习的人，往往缺乏强烈的"我要把学费赚回来"的动机，除了多知道一些新名词，学了和没学差距并不大。而花大钱学习的人，心里想着一定要好好学习，把学费赚回来，所以他们拼命行动，拼命链接，最后的结果不会差。

如果一个人为了进步，在经济上能支撑的情况下，上了普通人不敢报、报不起、报不了的高端课程，为自己的成长花费上百万元，当然也包括花钱购买高端的产品、高端的服务，那么这个人在很多普通人眼里就是一个成功人士。成功人士就会带来光环效应，大家也更愿意跟随这样的人去奋斗，因为他给大家树立了一个更高的但似乎是看得见够得着的榜样。

如果一个人还能告诉大家"我通过打造个人品牌，成功变现了，赚到了一般人很难赚到的钱"，就进入为个人赋能的第三阶段。

我们注意到很多微商就是这样，每天在朋友圈晒自己换新包了、买车了，又买房了，这是在暗示关注他的人跟着他奋斗，也能很快成功。很多人一开始不信，但发现身边的人一个个加入、也开始这样晒"成功"后，就开始犹豫了，进而选择试一试，成为新的代理商。

很多人认为，做"知识付费"的人是在割韭菜、收智商税，因为学知识学技能根本不可能发大财，只能是极个别人的成功。在 2016 年，网课推文的标题还是《一个月赚 3 000 元钱和赚 3 万元钱的人有什么区别？》，到了 2019 年却变成了《我如何在一个月内赚 1 000 万元》。这种标题的泛滥，也是一种病态的现象。

我们并不反对一个人因为有知识、有能力赚钱，进而成为别人的榜样，为别人的奋斗赋能，但我们认为过于夸大取得的实际成绩，让别人认为打造个人品牌是件很容易的事情，有了个人品牌变现就很容易，这是一种不负责任的误导。

如果能赚到钱，就有资源去整合资源，做一些比较复杂的事情，可能做成影响力巨大的事情。什么叫影响力巨大？在一些有影响力的平台上想办法战胜别人的挑战，冲到第一名，这是比较难的事情，不一定有钱就能做到。这更考验一个人的资源整合能力和项目管理能力，还有团队调度能力。这就进入个人赋能的第四阶段。

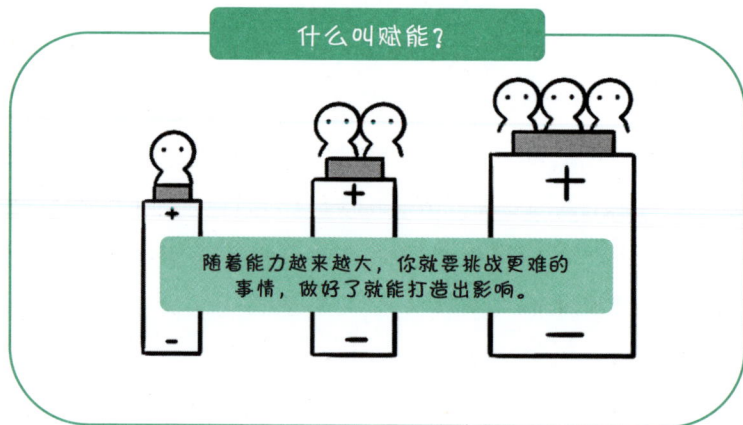

什么叫赋能？

随着能力越来越大，你就要挑战更难的事情，做好了就能打造出影响。

什么叫赋能？当你的能量一般的时候，你就去影响你身边的人，做一些成本较低、难度较低的事情。但是随着你的能量越来越大，就要挑战更难的事情，挑战一般人只能想一想却根本不知道如何操作的事情，把这样的事情做对、做好，就能打造出影响力。

剽悍一只猫有一个习惯：每年只做一场直播分享，而且每一次直播分享都约一个比较有影响力的大平台，然后发动所有的人帮助他把直播人数的规模做到在知识付费圈里最大的，从而造成一个影响力事件。这个打法他从 2016 年到 2019 年，连续复制了 4 年，以至后来他一做分享，很多人就主动去听，听完就第一时间写复盘文章发全网，这能让很多没有来得及听直播的人去阅读，从而涨一波阅读量和粉丝数。

"得到" App 的罗振宇，发愿要做 20 年的演讲《做时间的朋友》，每年选一个城市，约各种电视台、视频网站、短视频做直播，每一场都声势浩大，其实这就是一件影响力事件。只要影响力事件的能量越来越大，你为自己赋予的能量也越大，你就越能连接到你想要接触的资源。

反过来说，如果一个人后劲不足，做同样的事情，他的影响力也会衰退，在市场上的号召力也会下滑，他的个人品牌也会贬值。

当然，在每个影响力阶段，我们都需要连接人脉。如果在每个阶段你都能深度连接比你身价、资源、财富高两档的人，和他们一对一交流，与他们建立合作关系，就能在无形中为自己的影响力做背书。这也是为什么那么多微商愿意花钱购买与国外政要的合影，因为对不明就里的人而言，他会以为你和这些政要有交情，从而对你高看一眼，产生信任感。

理解了这些，我们就明白所谓赋能，不是别人帮你做好什么事情，而是你做了什么事情让你身边的人觉得你很了不起，甚至愿意为你传播。每次做好大事件，都让你的影响力快速辐射到更大的圈子、更多的人群，这才是赋能的意义。

至于网上很多人不停地考证，不停地学习，这算不算赋能？我认为这是成长的过程，但是如果大家不觉得你拿的证很了不起，未对你高看一眼，那么这种"赋能"更多的是你的自我安慰而已。

7.3

出圈：影响力越大，越要出圈

2020 年春节刚过，秋叶大叔就接到一堆直播邀约，有腾讯、百度、中欧商学院、混沌大学、跟谁学、文华在线。为什么这些机构都愿意邀请秋叶大叔直播？因为秋叶大叔做在线教育，又教职场技能，正好匹配这些机构的直播需求。

让我们看一下秋叶大叔分享的主题。

腾讯：如何做 PPT——辐射对 PPT 感兴趣的职场新人。

百度：如何做搜索高手——辐射需要提升搜索能力的职场人。

中欧商学院：线下培训机构如何转型——辐射教育圈高层。

混沌大学：企业家如何做个人 IP——辐射混沌大学的企业家。

跟谁学：如何做线上课程——辐射教育行业的校长圈。

文华在线：如何做国家精品慕课课程——辐射高校圈。

钉钉：如何利用钉钉做好协同办公——辐射职场圈。

做个人品牌的思维一般是做大主标签，然后做大做强。为什么秋叶大叔在不同平台分享的话题跨度这么大？把这些话题归纳起来看，无非是做教育、教职场技能，这些刚好是秋叶大叔能力范围内的话题，但是把自己擅长的内容包装成匹配不同人群的分享，就可以在不同平台吸引不同的人。

秋叶大叔这样做，就是为了"出圈"。"出圈"本来是追星粉丝之间用的一个词汇，是"饭圈"的常用语，意思为某个明星、某个事件的走红热度不仅在自己固定的粉丝圈中传播，还要被更多圈子外的路人知晓。简而言之就是你的知名度让原来根本不知道、不了解你的人知道，这个过程我们称之为"出圈"。

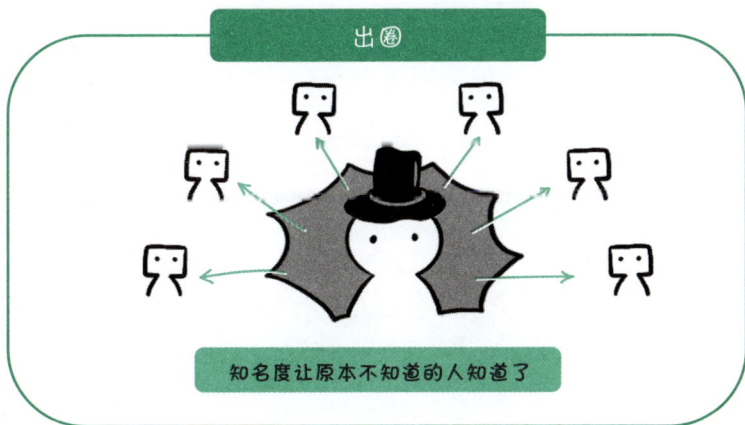

出圈

知名度让原本不知道的人知道了

越是有个人品牌影响力的人，越在积极地出圈。

2020年1月12日22时，知名经济学家薛兆丰走进了淘宝直播薇娅的直播间。在半个小时的互动过程中，薇娅根本就没怎么介绍《薛兆丰经济学讲义》，然而65 000册图书瞬间秒光，让传统出版社瞠目结舌：书还能这样卖？

这就是出圈的魅力，你不但能获得新的流量，还学会了新的玩法、新的思维。一个人如果总在自己的圈子里，思维会固化，路径会产生依赖，而在出圈的过程中，你结交的"怪才"越聪明，你的事业路径反而越开阔。

一个人再怎么努力，也只能吸引一部分人，而且同质化的人群传播半径有限，往往转来转去都是一批人。如果始终围绕这一群人做运营，会变成对同一批人的反复消费，无助于个人影响力的提升。但借助这部分人的支持给自己带来的影响力，就有可能脱颖而出，被其他有流量的合作方看见，获得合作机会。这个时候如果我们抓住机会，借势出圈，在别人的圈层里打造自己的影响力，就能让自己的个人品牌势能进一步提升。

现在，不同的平台也好，不同的流量主也好，都在做自己的流量池，并不愿意让别人来自己的流量池导流。既然我们无法改变流量各自画圈的格局，我们要想做大影响力，就必须出圈，去不同的圈子里做个人品牌，否则会出现微信生态圈大家都知道你，但是在B站，没有人知道你是谁的尴尬局面。

出圈有三种打法。第一种是向下出圈，兼容扩大粉丝基础，第二种是水平出圈，兼容吸收新鲜血液，第三种是向上出圈，跃迁争取新的资源。

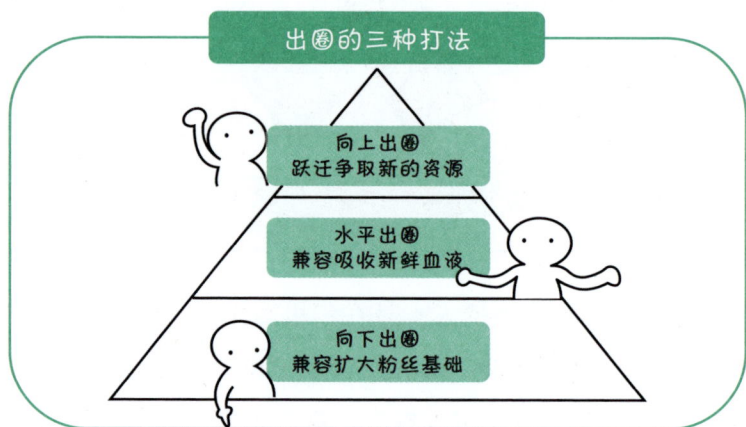

如秋叶团队的主流产品是职场技能，特别是Office技能，愿意付费学习的主力人群其实是职场新人，但是最需要学习Office技能的人其实是高校大学生。如果我们的秋叶PPT系列自媒体矩阵主抓职场人群，就得写职场话题，但显然大学生是不爱看这些话题的，我们的品牌知名度就覆盖不到他们。这样带来的后果就是他们想学PPT的时候，很可能是先碰到谁的文案就买了谁的课程，而不是认秋叶品牌。所以我们需要想办法在大学生人群中沉淀知名度，提升影响力。这就意味着我们经常要链接高校资源，哪怕是免费分享，也要提前在年轻人中打下影响力基础，或者我们要做适合B站发布的内容，影响大学生。这就是向下兼容扩大粉丝基础。

2019年，"橙为"创始人邻三月精挑细选了一些线下课程提升自我，同时在学习过程中认识了各行各业的很多优秀企业家同学。因为平时邻三月灵感创意多，社群领域专业基础扎实，同学们问她问题她也总会很耐心地帮忙回答，所以大家也都纷纷去帮邻三月创业，给她出谋划策。2020年，邻三月的社群事业就从面向C端开始过渡到B端，邻三月也顺其自然地结识了更多圈外的企业家，这就是邻三月的同学圈给她打开的资源圈。这就是向上出圈，跃迁争取新的资源。

如果大家势能相差不大，业务还有互补性，那么很适合互相链接，互相到对方的铁粉圈里做活动、做分享，为自己的产品和服务带来直接的新付费用户，这就是水平出圈，兼容吸收新鲜血液。秋叶大叔为知识型 IP 打造了一个小圈子，叫"个人品牌 IP 营"，采取年费会员制，很多势能接近的知识 IP 都在这个营里面。秋叶大叔就负责组织大家彼此链接，创造各种各样的合作机会，给很多知识 IP 带来了非常多的互补资源，让自己的事业得到了加速发展。

一个人如果长期局限在自己的小圈子里发展，会很快跟不上时代的步伐，容易被圈子内同质化的声音麻痹，成为被温水煮熟的青蛙。

温水煮青蛙

长期局限在自己的小圈子里发展，容易被圈子同质化的声音麻痹

7.4

借势：用爆文打法来创造个人品牌存在感

网上经常有某人一夜爆红的故事，虽然爆红往往也只有一夜，但这

也说明一个问题：如果学会借势热点，我们打造个人品牌会节约很多时间和精力。

不管你是运营自媒体，还是策划线上线下活动，都应该有借势的思维。想一想你的目标人群最近对什么感兴趣，如果你能把这些目标人群感兴趣的内容自然植入你的文章、短视频、活动策划中，你的个人品牌打造会大大加速。

2020年春节，很多人被迫自我隔离，很多抖音育儿账户马上就开始分享孩子长期在家，可以和家长一起玩的亲子游戏，孩子长期在家家长需要注意的事情，家长应对孩子宅家里要出去玩的方法，连续出多条热门爆款短视频，一下子就把自己的账户知名度提升了一个台阶。抖音账户 @科学育儿小七老师 在2020年春节之前，一直忙于线下培训，始终没有时间下决心做线上直播。这次春节，他哪里也不方便去，干脆在家做直播，指导家长如何应对隔离期的教育，结果是家长粉丝的反馈效果特别好。如果不是趁热点去做直播，抖音上没有那么多家长会关注这一类话题，小七老师即便讲得再好，也不会有太大的影响力，但是结合热点去分享，就能事半功倍。

像写自媒体的朋友，想做大自己的文章阅读量，都会想方设法在文章开头成在标题里植入热点事件，借热点事件去写评论文章，去引出自己领域的文章，从而借助热点的传播力，让自己的文章流量得到快速放大。

这就是借势的放大效应，要打造个人品牌，一定要卡一个标签关键词。如秋叶PPT团队专注的方向是PPT，就标签关键词而言，在任何一个平台上面都应该卡PPT，每篇文章都出现PPT。但是一个长效的标签关键词怎么让它能够形成一个势能，让更多用户记住，最为简单粗暴的方法是蹭热点刷爆文。

想打造个人品牌，也需要有追热点的思维，但是我们和一味追热点的营销号比，有一个更高的要求。这个要求就是你写的文章，除了要和热点结合，也要和你的专长自然地结合，让大家在看热点文章的时候，不知不觉对作者的专长留下深刻的印象，这样才能借热点强化你自己的个人标签。我们在编写文章、策划活动时，应该把长效关键词和热点关键词结合在一起。

举一个简单的例子，娱乐圈每年都会出一类热点事件，就是知名明星得抑郁症。那么我们如果一定要谈这件事，就需要从专业角度思考，如何切入这个话题，而不仅是跟着各种营销号带节奏。

养宠物的人，可以介绍养宠物的人是不是不容易得抑郁症。

擅长即兴表演的人，可以讲学习即兴表演能不能帮人解压，释放负面情绪。

学心理学的人，可以从心理学角度分析明星群体抑郁症高发的原因。

学社会学的人，可以分析群众围观明星背后的社会学意义。

会手绘/PPT/思维导图/条漫的人，可以用视觉化的方式科普抑郁症小知识。

如果这样去谈热点话题，不但可以切入热点，获得更多的流量，而且还可以在热点分析里借助你的专业优势给大家留下"记忆点"或"视觉锤"。

如果你能在热点事件中借助专业优势持续产出高质量的文章或短视频，那么你就有可能赢得粉丝关注，在下一次热点事件到来时，粉丝会想听听你怎样分析，如果分析得漂亮，粉丝会帮你主动传播，让更多的人关注你。

我们不提倡做个人品牌的人一定要坚持日更，关键是你的文章为你带来的总曝光量是不是足够高。写 100 篇日更，每天就是一批原有的用户看，意义不大，影响力始终在原地踏步。还不如少写几篇，集中时间和精力抓热点写出高质量的爆文，让更多人看到并关注你，反而更容易成功。

蹭热点话题虽然容易获得流量，但也会有副作用。单纯为了追求流量，不管话题是否和自己的专业相融合，都想追热点、抓流量，这样做短期内会有效果，但长期来看你的读者会疑惑，关注你的账户，核心价值是什么？如果是追八卦，有专业的八卦号，写得比你更好；如果看专业知识点，但是你又没有定位，反而像一个八卦号。

秋叶 PPT 微信号也经常追热点，但我们一般只追三种热点。

（1）发布新电影电视剧，我们分析可以从发布会的海报中获得哪些设计灵感用在 PPT 设计上，让大家一边追剧一边学习技能。

（2）各种有影响力的发布会，特别是一些明星用 PPT 出现操作失误，我们就可以分析发布会 PPT 作品的优点，也可以提出如何做可以避免失误，让大家一边"吃瓜"一边学知识。

（3）各种新软件发布，我们介绍最新功能，帮助职场人提高办公效率，毕竟学 PPT 的人也在意办公效率的提高。

秋叶大叔坚持自己的打造办公职场技能专家的定位，敏锐抓住群众喜闻乐见的热点事件写文章，就容易得到阅读量保证，个人品牌、团队品牌、产品品牌都会得到更多的曝光，品牌在大众中的影响力会越来越大。

理解这一点，我们以后写文章、做活动、做分享，都要问一下自己，网上最近的热点话题是什么（可以去各大网络平台的热点分类榜单里找）？我们能否植入这些话题，让自己的内容更接地气，更有传播性？

还有一点需要提醒打造个人品牌的朋友，每年都需要借势电商的活动季，安排多次促销。

以秋叶 PPT 为例，秋叶 PPT 一年至少进行五次大促，其中就包括 3 月底、6 月底、9 月底、"双 11"和"双 12"。3 月和 9 月正是瞄准了学生开学季或放假季，他们手头有点钱，又愿意投资一下自己；"双 11"

和"双 12"看准的是两大电商促销节点的超高流量和用户旺盛的消费欲望；6 月底这一次既是半年提升自己的时间段，又是电商大促的时间段。这些时间段都有消费势能，不做活动非常可惜。

7.5

造浪：用三重造浪思维放大个人品牌

懂运营的人，不会轻易浪费每一次的流量红利。

大部分人并没有做好打造个人品牌的准备，即便一直在为这件事而努力。举一个例子，如果你的一篇文章突然爆红了，阅读量达到了 10 万+，你接下来应该做什么？

A：

非常高兴地把这个好消息和这篇文章发到朋友圈和熟悉的微信群。

把这篇文章复制到自己的其他自媒体平台首发和加原创。

发红包请朋友们帮忙扩散和转发这篇文章。

给约开白的账户抓紧开白名单。

用心回复每一条留言和评论。

……

是不是感觉已经做得很好了？

然而结果就是这一轮传播之后，刷了一波流量，涨了一点粉丝，接着感觉一切又回到原点，阅读量又开始不温不火，直到下一次写出一篇好文章，又开始爆文，又重复一遍，感觉自己做了很多无用功。

不仅是写公众号文章，写头条文章、发微博、发短视频、做直播分享，感觉都是这样，叫好不叫座，流量来了，并没有带来真正看得见的价值。我们看看 B 的做法。

B：

完成 A 会做的一切动作。

每天研究热点，分析评论热点，安排铁粉内测，趁热推出更多爆文。

私聊评论的朋友，一个个约加好友。

每天坚持发多条朋友圈做人设。

马上推出一个导流小课，制作海报，话题就是我是如何写出爆文的。

在朋友圈、微信群，还有愿意帮忙的渠道刷海报拉人入微信群。

做完微信群分享，马上出金句卡片，引导更多人关注微信公众号。

借助分享认识的新资源约更多分享，并逐步迭代分享内容。

在快速拉升一波粉丝后推出《如何写出爆款文章》网课。

在朋友圈、微信群、自媒体、合作渠道约销售。

……

大家对比一下，是不是感觉两个人的运营能力完全不同，A 是内容写手，更多地是擅长写文章；B 有运营思维，更多地是思考一件事怎样做效率最高，能实现变现最大化。

我们提出运营人一定要有"造浪"思维，而且是"三重造浪"思维。什么是造浪？一篇文章爆文了，就是一波浪潮，因为让很多人在朋友圈、微信群里看到了，大家会说，被这篇文章"刷屏"了。

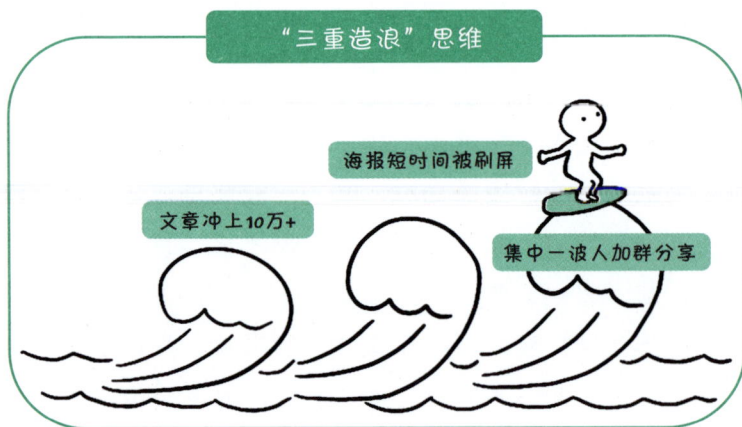

"三重造浪"思维

文章冲上10万+

海报短时间被刷屏

集中一波人加群分享

把你的文章冲上了 10 万 + 的消息发到朋友圈、微信群，也是造浪，但这一波造浪的力度不够，达不到需要的造浪势能。

什么叫达到造浪势能？就是在你想覆盖的人群里，大家感觉被刷屏了。好的做法是做一张漂亮的海报，最好加上吸引人的爆文知识点，写好转发文案，请朋友们帮忙集中在一个时间段内转发。这样会在一个时间段，让大家圈子里的人，不断刷到这张海报，大家的注意力会不断被同样的海报唤醒，进而积累好奇心，这会吸引更多的人点击和关注微信号。这才是造浪，而且是第二重造浪。

如果在这张海报上你提出免费分享的邀约，说大家愿意来听免费分享就入群，这就开始做流量沉淀，也就是导流的工作。

人在愿意参与活动的时刻，往往也是一个非常好的造浪时刻，因为人在决定购买或参与时，心理的潜意识是希望做一个动作证明自己是正确的。

那么这个时刻你可以创造一个好的场景，如转发海报免费入群（前提是你有一定的势能和公信力），发海报领福利，给每个人发一张精美的入群通知书，让大家愿意转发海报，邀请更多的人来参与这场分享。如果在短时间内，我们能集中一波人使其加入群，并有一定比例的人分享海报，这就是第三重造浪，而且又是一次刷屏级别的造浪。

为什么要造浪？因为没有刷屏，大家根本不会觉得你做了一件厉害的事情。

为什么要三重造浪？因为仅一次刷屏，根本无法让一个人的个人品牌在受众心中沉淀印象。

为什么我们还追求尽可能短的时间内三重造浪？因为如果一个人的文章刷屏间隔周期太长，很容易在信息流时代被人遗忘，必须在尽可能短的时间内多次刷屏触达同一批人，才能尽快在这些人的大脑中沉淀品牌印象。

理解了这个逻辑，我们就知道为什么做线上运营，做线下运营，都需要有"三重造浪"思维。大家应该用这个思维策划活动，用这个思维检查我们的活动有没有抓住机会。

秋叶大叔 2020 年春节期间做了一次线上直播，给大学生讲 Excel 操作，这次直播开始前，整个秋叶团队集体刷屏，直接带动了超过 3 000 人在线观看直播，24 小时内，超过 400 人在线报名秋叶系列训练营，这就是第一波造浪。

这场直播结束，秋叶大叔马上写复盘文章推文，同时很多教育行业的朋友注意到这场直播，邀约秋叶大叔分享企业如何转型线上直播培训模式，秋叶大叔抓住机会，在直播结束后的三周内，一口气接下了 7 个平台的直播邀约，这一波直播分享不但打开了不同的圈子，积累了新的粉丝，更重要的是完成了第二重造浪。

秋叶团队推出 7 天的《企业线上培训转型训练营》短周期产品，用极低的价格，指导企业马上跑通线上培训，为前期激活的企业主做一次体验式服务，顺便借助报名学员口碑，又做了一轮造浪宣传和推广，这就是第三重造浪。

不仅是线上运营，线下活动也可以用三重造浪思维。

秋叶大叔的线下私房课，第一重浪一般是发一篇推义，而且会预约团队成员和老学员转发、留言，争取冲高阅读量，让潜在学员在不同人的朋友圈里反复看到这篇文章，吸引他们耐心读完，产生报名欲望。

对于线下个人品牌课，老学员都免学费复训，把规模做大，有规模才能造浪。单价 1.5 万元的课程，如果一期来 300 个学员，影响力是非常大的，大家看到现场照片就会对这个团队的势能感到震惊，比每一期招 30 个人，一期期地滚动招，影响力大得多。

第二重浪是上课前后的造浪。开课前秋叶团队会把现场美照拍好，提前发给学员共享。很多学员到了现场，希望有好照片打卡发朋友圈，告诉大家自己去了一个怎样的高端课程，这样很自然就启动了刷屏。在课程中，秋叶团队会安排专职摄影师，以高标准拍摄照片，设计当天晚上的朋友圈优秀复盘心得评选，好的照片和复盘刷屏，对潜在学员的吸引力很强。

第三重浪是课程结束后的复盘文章。课程结束，秋叶大叔会结合大家的课程感悟，写出干货文章，植入大家的优秀复盘，带动大家传播和分享，又会带来一轮学员刷屏，吸引有意向的学员抓紧预约下一期个人品牌线上 IP 营。把付费课程学员用低价产品先服务好，有助于使其对后续学习体验产生信任感。

正因为做好了三重造浪，秋叶大叔的线下私房课，往往给人感觉就是几篇文章推一下，招生就完成了，根本就不费劲。但做好三重造浪，其实是一个不断迭代、不断完善的系统工程。

反过来看，为什么很多公司到了年底要举办年会？年会是给谁看的？只是给自己的员工看的吗？要不要请自己的客户看？要不要扩散给外部的潜在用户看？我们认为年会一个非常重要的工作是文宣，把年会现场大家感受到的势能传播出去。如果这个工作没有做，相当于年会最重要的产出效益工作没做。如果有了"三重造浪"思维，很多公司的年会完全可以策划得更好，把一个花钱的年会，办成一个赚钱的推广活动。

把"赋能＋出圈＋借势＋造浪"结合起来，就可以让一个人持续滚动运营，做大个人品牌。

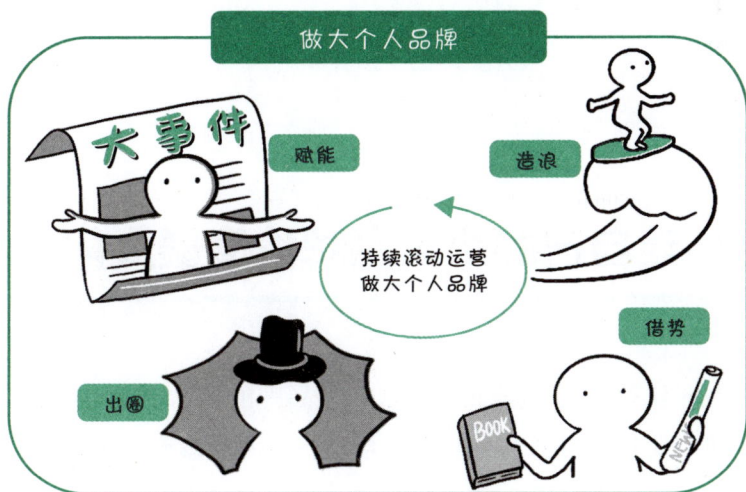

做大个人品牌

赋能　造浪　借势　出圈

持续滚动运营
做大个人品牌

2010年秋叶大叔的图书《说服力——让你的PPT会说话》成为爆款，马上导流读者去微博平台，快速带动微博势能，进而轻松辐射线下培训市场。

2013年秋叶大叔及时转型微信公众号平台，秋叶PPT微信公众号发展成职场大号，年底推出在线网课，快速成为明星网课。

2016年秋叶大叔借助积累的运营学员群经验，推出个人品牌IP大本营，滚动开起了各种付费特训营。

2017年秋叶大叔推出面向铁杆用户的线下私房课，孵化出大量的知识IP，分布在头条、抖音、微博、图书、培训、训练营等不同产品平台。

2018年秋叶大叔带领团队和核心IP们，一起做抖音MCN、微博MCN、图书MCN、社群MCN……

2020年秋叶大叔开始尝试社交电商，打通IP直播带货路径……

一旦卡位成功，就要不断跃迁，借助自己的势能影响力开发新的平台，创造新的可能，让自己的事业不断开拓疆土，这也是一种更长周期的造浪。

一旦开始用造浪思维思考问题，我们会发现局限我们的不只是资金和预算，更是我们的想象力。

7.6

整合：让自己的个人品牌价值最大化

一个人一旦有了运营思维，运营个人品牌的打法就会越来越多样化，必然会走到主动整合资源这一步。整合资源有两种思维，一种是让高势能资源来整合自己加入，另一种是自己整合有价值的资源一起做大事。

怎么理解让高势能资源整合自己来加入？

例如，很多大平台会定期推出活动，邀请大咖做线上分享，或者参加线下千人大会，这就是一种高势能的资源。如果你能够作为分享嘉宾被邀请，你的头像就有可能出现在推广的海报上，得到平台的免费流量扶持曝光。

这样的活动，也许最终来的人不一定特别多，但是个人会得到充分曝光，受到更多高质量平台的邀请。所以不管现场的观众人数如何，都应该好好分享。因为听到你分享的人，不一定是你的目标人群，但很可能是其他大平台的工作人员，他们认可你的分享之后，又会给你带来更多的被推荐、被邀约机会。

秋叶写书私房课有个学员叫沈小怡，写了一本《好好吃饭好好爱》，这本书写得非常好，出版以后她用图书做了一件非常漂亮的资源整合事情。因为她本人是一名美食网红博主，因此得到了很多线下探店的机会，认识了很多网红店老板。这些老板知道小怡出书后，就和小怡谈合作，你来我的饭店探店，给我们饭店写推文宣传，我们团购你的图书，作为赠品送给喜欢美食的顾客。而且在这个基础上，小怡还和这些店长沟通进一步的合作，把探店手记写到下一本新书里面，这样图书就妥妥地成为网红店的特色赠品，而小怡的个人知名度也得到进一步的提升，大家你帮我、我帮你，影响力都得到了提升。

让高势能资源整合自己来加入，关键是你能提供别人需要的个人品牌背书、流量，或者独有的价值。

秋叶个人品牌 IP 营有个手账达人叫阿怪，手账做得特别好，微博上有很多铁粉跟着她学手账。其实阿怪的微博绝对粉丝不多，2020 年初刚过 20 万，但粉丝黏性很强，经常一条微博转发上百条，她推荐用什么工具，大家就喜欢用什么工具。这样的个人品牌博主对手账文具厂商就非常有吸引力，因为她就是一个垂直赛道的 KOL，自带流量和品牌号召力，所以阿怪经常接到手账文具厂商的广告。

怎样理解整合有价值的资源一起做大事？

每个人的影响力都是有限的，自己独立发起活动覆盖的人群也是有限的，但是如果能和影响力相当的品牌，或有个人品牌的人，进行跨界合作，就有可能强强联合，把事情做大，带来 1+1>2 的效应。

线上直播销讲课就是一件特别适合整合资源的事情。线上直播销讲课的本质是通过试听，说服别人来买你的课程。但是在销讲过程中，简简单单地给课程打个折，其实是很难激发别人的购买欲望的，如果讲师能整合足够多的福利，就会带来不一样的效果。

例如，我们在策划推广秋叶 PPT 线上训练营的销讲课时，福利包括以下内容。

（1）秋叶定制团队的 PPT 模板——送出去，也可以帮定制团队打知名度。

（2）各种互联网工具软件的 3 个月试用版，如幕布、iSlide 插件——送出去，也可以帮别人发展潜在用户。

（3）秋叶 PPT 的图书——送出去，也可以帮图书打知名度。

（4）各种朋友的付费职场网课——送出去，也可以带动其他付费网课的购买。

（5）秋叶小店的美食——送出去，也可以带来喜欢美食的回购用户。

大家注意到，如果我们会整合资源，会让用户意识到在直播销讲课不仅能以优惠价格得到线上训练营的学习机会，而且可以领到一大批资料包、工具软件、付费网课，还有实实在在的线下礼物，如图书和美食，整个活动是非常超值的。一旦消费者意识到这一点，下单的抗拒力就会极大地变小。

整合资源不一定停留在简单地整合福利，还可以包括供应链的深度打通。

供应链的深度打通

如秋叶小店的美食，叫"秋叶的心意"，包装是定制的，里面装了不同食品企业的产品，打包送出，这样学员可以体验更多的美食，总有一款喜欢的，这样才能带动回购。而且我们采取按一年消费量、大量订购的模式，这样就节约了采购成本。图书和美食，我们都统一放在靠近生产厂家的快递点，节约了快递打包的时间和成本。所以同样的福利，我们送得起，别人模仿可能就觉得成本难以负担，没有利润。这就是深度整合，最终一定走向优化供应链，形成一个微产业链整体的竞争力。

在打造个人品牌的过程中，一开始大家会觉得产品最重要，因为没有出色的产品，不管是免费内容还是付费产品，都无法让你沉淀有价值的用户。等用户慢慢增加，到达你的能力边界，大家会觉得获取新的流量、留存流量、激活流量、做大影响力最重要。等能够稳定获得流量了，通过运营持续提高整个环节的产出效率，让有限的流量产生最大的价值，同时进一步扩大品牌的美誉度，运营的价值又会持续提升。

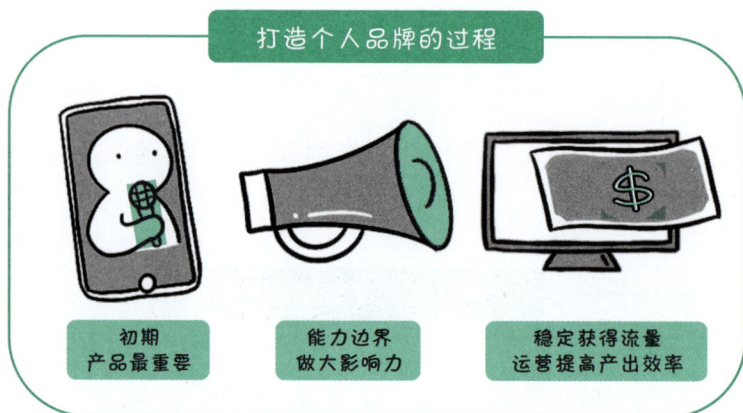

打造个人品牌的过程

初期
产品最重要

能力边界
做大影响力

稳定获得流量
运营提高产出效率

所以在打造个人品牌的过程中，围绕大平台找准赛道、找准定位，内容、产品、渠道、运营四个维度一直在动态发展，动态平衡，培养给力的团队，才能让个人品牌打造之路越来越顺，最终走向打造团队品牌、企业品牌之路。

个人品牌打造定位表（IP版）

本表为秋叶团队原创，是秋叶个人品牌咨询顾问专为有一定个人品牌积累的客户打造的咨询量表。关注微信公众号：秋叶大叔，回复"IP"，可获取秋叶个人品牌咨询顾问的帮助。

选择赛道

打造个人品牌，你希望在哪个赛道？

□才艺达人（"野生"的才华）
□初创企业创始人
□成熟企业家
□企业中高层
□电商主播（带货高手）
□自媒体大号
□知识IP
□专业人士
□社群KOL
□直销主管
□其他

你过去的积累（可多选）：

□有口碑好课（教育培训）
□有口碑好书（出版）
□有口碑好客户（咨询）
□有"爆款"业绩（电商）
□有影响力自媒体（自媒体）
□有专业积累（专业人士）
□有丰富人脉（企业）
□其他

打造个人品牌，你希望付出多长时间：

□半年
□1年
□3年
□5年
□其他

打造个人品牌，你计划每年投入：

□不想花钱
□10万元内
□50万元内
□100万元内
□500万元内
□其他

建议你的赛道：

设计标签

你的主标签（只能写一个主标签）：

1. 最好普通人一听就懂
2. 是你现在或将来赚钱的主方向

你可选的副标签（丰富你的人设，引起共鸣，创造链接的可能）：

1. 副标签要能强化对主标签的记忆
2. 不同场合需要不同的副标签

兴趣爱好：
生活方式：
技能特长：
职业身份：
资格证书：

你的记忆点/事件：

1. 让别人一下子就能记住你的事情
2. 让别人很容易把你和别人区分开的特征
3. 让别人很想和你链接的事情

□好记绰号
□冠军事件
□权威背书
□惊人数字
□貌似名人
□特色颜值
□个性打扮

用7个"一"写出你的社群简介（不一定非要凑7项）：

一个身份
一个第一
一个权威
一个数字
一个链接
一个感恩
一个礼物

依靠平台

你能够给平台带来的价值：

□导流获客（流量运营）
□创作内容（创作者）
□管理社群（MCN）
□广告投放（"金主"）

你适合借助哪种平台发展：

□公司或单位
□行业线下商会
□行业垂直门户
□互联网大门户
□出版社
□电商平台
□自营或知名社群
□其他

你擅长的技能（可多选）：

□发高赞朋友圈
□写热点文章
□写行业专栏
□写短视频脚本
□写干货问答
□写广告文案
□写人物故事
□写书
□当众演讲
□直播带货
□直播授课
□直播访谈
□拍短视频
□拍美照
□社群运营
□其他

你准备入驻的平台：

□微信个人号
□个人微信群
□企业微信群
□微博+直播
□脉脉
□钉钉（看看+直播）
□淘宝（直播+逛逛）
□小红书
□微信公众号
□头条号
□百家号
□B站（中视频）
□抖音（短视频+直播）
□快手（短视频+直播）
□视频号（短视频+直播）
□西瓜视频
□知乎（问答+直播）
□KEEP
□其他

你入驻的平台具有的红利：

□新人流量扶持
□平台在强势推广期
□扶持新赛道玩家
□玩法策略调整
□机构大号带出道
□其他

打造产品

打造你的现金流产品矩阵：

1. 你的流量池产品
□自媒体矩阵（定期更新）
□图书矩阵（持续动销）
□线下定期讲座
□线上定期直播

2. 你的导流裂变产品
□低价线上体验课
□低价线上训练营
□低价文创包
□低价体验款
□低价线下课
□低价线下会

3. 你的现金流产品

4. 你的增值服务产品
□自营
□异业联盟

5. 你的影响力产品
□"爆款"图书
□行业展会C位
□有传播度的年会
□高价产品

打造你的影响力口碑矩阵：

1. 你的百科词条维护
□已做
□没做

2. 你的品牌故事
□社群个人简介
□公开演讲/分享个人介绍
□个人品牌故事（图文版）
□个人品牌故事（Vlog版）
□团队创业故事（短视频）
□公司宣传片（短视频）
□个人名片

3. 你的名人背书

4. 你的社会头衔或荣誉

5. 你的营业额和员工规模

6. 你的公司办公场所

7. 你的行业榜单排名

8. 你的铁粉社群（名称和slogan）

渠道运营

你的流量渠道来源：

□投放广告导流
□自媒体内容导流
□直播间导流
□图书导流
□社交圈精准获客

你的流量矩阵：

1. 你的公域流量健康度诊断
□你有多个维度的流量来源吗？
□你过度依赖某一个渠道的流量吗？
□你每个月获取的公域流量规模有多大？
□你的获客成本合理吗？
□从公域到私域的转化率合格吗？
□你有公域流量周/月分析报表吗？

2. 你的私域流量健康度诊断
□你有私域用户流量吗？规模多大？
□你在哪里管理你的私域用户？
□你用什么工具管理你的私域用户？
□你会对你的私域用户展开内容运营吗？
□你会对你的私域用户展开活动运营吗？
□你的私域用户复购率合格吗？
□你会为你的私域用户提供分级服务吗？
□你的私域用户的平均客单价多少？

如果可能，你想和谁进行资源交换或向谁出售你的私域流量？

势能运营

今年你希望打造什么"爆款"产品？

□某个自媒体
□图书
□网课
□训练营
□线下课
□咨询
□某种产品
□某种服务
□其他

运营目标是什么？

愿意投入多少资源？

今年你希望打造什么"爆款"事件？

□拿到大奖
□拿到高级证书
□发布"爆款"产品
□发布"爆款"自媒体内容
□进行一次影响力分享
□开展一场有影响力的会议
□完成一件普通人认为很难的事情
□其他

预期覆盖哪些人群？

愿意投入多少资源？

用"冠军打法"还是"围城打法"？

如何策划"三重造浪"传播？

今年你愿意加入哪几个有能量的圈子？预期新认识多少潜在合作对象？参加多少次线下交流？花费多少费用？

□商学院
□商会或行业协会
□创投人圈子
□电商微商圈
□知识IP圈
□投资圈
□网红直播圈
□地方人脉圈
□兴趣圈

今年你计划在个人形象方面做哪些提升？花费多少费用？

□外貌形体
□衣饰穿搭
□出行工具
□声音改善
□演讲能力
□个人形象照

团队构建

你是哪种人？

□产品人：产品研发
□内容人：内容输出
□运营人：用户服务
□流量人：获取流量
□销售人：流量转化
□经纪人：资源整合
□创始人：统筹布局
□投资人：提供资源
□其他

你的导流业务模型是哪种？

□产品→直播面对面销售（直销）
□产品→写文案分发→直接销售（电商）
□公号推文→体验课→直播→销售→高价课
□社群分享→体验课→直播→销售→高价课
□短视频→小商店→直接销售
□短视频→推文→引流个人号→私聊销售→高价课
□线下讲座→直接销售
□线下讲座→体验课报名→直播→销售→高价课

你缺哪种人？

□产品人：产品研发
□内容人：内容输出
□运营人：用户服务
□流量人：获取流量
□销售人：流量转化
□经纪人：资源整合
□合伙人：统筹布局
□其他

你计划在哪些方面让自己一个人活成一个团队？哪些工作需要招人？哪些可以外包合作？

诊断建议：
01. 收入目标：提出合理的收入预期
02. 投入时间：评估试错时间周期
03. 定位标签：完善人设
04. 卡位平台：建议发力的平台
05. 回报模式：规划回报路径
06. 产品矩阵：提供产品构建路线图
07. 口碑容器：个人影响力提升的建议
08. 冠军战略：制造有传播力的影响力事件的建议
09. 围城战略：积累势能的常规工作建议
10. 渠道建议：可以链接和合作的渠道资源
11. 圈子建议：可以加入和学习的圈子
12. 团队建议：团队分工定位和人员配置规划

扫码获取
咨询帮助

秋叶团队个人品牌业务全景图

1 稳定流量池
新媒体矩阵
- 微博MCN
- 短视频MCN
- 今日头条MCN
- 微信公众号矩阵

2 多元产品矩阵

书籍
- Office系列
- 新媒体系列
- 职场系列
- 妈妈赋能系列

网课
- Office系列
- 新媒体系列
- 职场系列

训练营
- 号甘私房课
- 新媒体私房课
- 课程开发私房课

线下课
- 个人品牌私房课

IP社群
- 个人品牌IP

咨询&经纪
- 个人品牌1对1咨询
- IP经纪人

B端合作
- PPT定制
- 企业内训
- 品牌推广合作

MCN
- 微博MCN
- 短视频MCN
- 今日头条MCN

3 潜力IP孵化器

社群
- 个人品牌IP营

咨询
- 个人品牌1对1咨询

服务
- 课程设计/图书出版
- 新媒体运营/电商变现

4 优质IP经纪人
- IP定位
- 产品设计
- 运营策略
- 团队优化
- 商务资源

个人品牌IP营介绍

个人品牌IP营是专注于知识型IP孵化的高端社群，2016年开办第一期，2020年全面升级为年费会员制，服务范围覆盖图书、网课、训练营、线下高价课、文创电商等知识型IP体系链全场景

个人品牌IP营会员们来自各行各业，他们是：

① 已经有一定影响力，希望放大个人品牌的KOL
② 想要打造个人品牌的专业人士
③ 希望通过个人品牌放大企业势能的创始人
④ 有供应链优势的企业主
⑤ 希望链接更多知识型IP的平台运营负责人
⑥ 个人品牌孵化和打造的操盘手
⑦ 想打造个人品牌的行动派

我们欢迎更多有志于打造个人品牌的朋友们，加入这个有服务能力，有深度链接，有最新玩法，有突出成果的知识型IP俱乐部

了解IP营服务成果，请扫码回复
关键词【成果】查看

个人品牌咨询顾问孵化营介绍

• 个人品牌咨询顾问孵化营，是按照商学院案例教学方式设计的，着力于培养专业个人品牌咨询顾问的线上训练营

• 训练营以独创的"个人品牌7P模型"为核心方法论，设计出一套系统实用的咨询工具，能够高效完成信息收集、问题诊断、提出建议等咨询过程

• 考核合格的训练营学员，将受邀成为秋叶商学院个人品牌签约顾问，为想打造个人品IP的朋友提供不同层次的付费咨询服务

扫码回复关键词【顾问】
了解个人品牌咨询顾问

个人品牌7P模型

5.渠道 Place — 构建可持续的流量池

流量漏斗模型

- 公域流量池
- 私域流量池
- 核心粉丝群
- 付费鐵粉
- 付费用户

判断流量质量的"324法则"
1. 公域流量池 吸引用户的流量池
2. 引流 转化率 / 获客成本 / 复购率
3. 留存 流量成本 / 流量黏度
4. 私域流量池 有价值输出 / 周期性复购 / 可持续变现

设计引流闭环

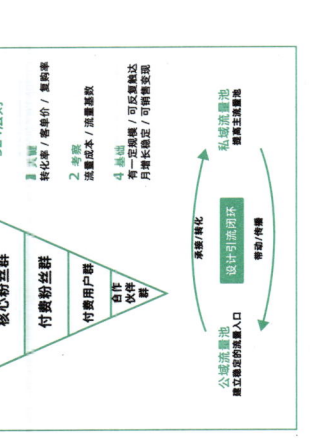

7.团队 Partner — 持续经营做大做强

团队组合模型
- 内容 吸引流量吸引用户
- 平台
- 运营 服务用户沉淀流量
- 渠道 获取外部流量
- 产品 满足用户需求

最小业务势模型

适合团队运营：
- 产品人 + 内容人 + 运营人 + 媒介 + 电商 + 创始人

不同赛道的团队 / 适合个人起步：
- 出版 培训 咨询 教育 自媒体

4.产品 Product — 设计高回报的产品体系

产品矩阵
核心三类产品

- 引流型产品（敢讲书发书）
  - 树立品牌形象为主
  - 亲和力、定制化、新鲜感
- 利润型产品（敢讲系列课程）
  - 与引流产品相关
  - 能解决某一垂直痛点细化需求（本质）
- 稻定型产品（敢讲私教等）
  - 低成本高价值、黏合稻定
  - 可批量销售、稻定私域用户

形成产品漏斗 筛选留在在用户

价值 高 / 低
频率 高 / 低

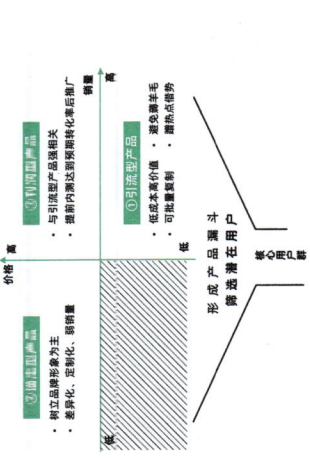

6.运营 Process — 稳定提高回报效率

个人品牌运营六步

1. 设计品牌故事 创始人故事 / 品牌见证故事 / 团队故事
2. 打造赋能事件 标志性IP赋能实现赋能事件输出
3. 运营跨界出圈 向下 / 水平赋能 向上跃迁
4. 借势扩大影响 用借势打法 创造个人品牌存在感
5. 造浪沉淀定印象 用"三道浪"思维 放大个人品牌
6. 整合提升价值 让势能转换成个人深入 自己适合合的价值资源

2.定位 Position — 找离钱最近的路

综合赛道特长和个人专长

设计标签组合

根据选择的赛道方向
确定主标签方向

核心定位、专业影响力

1个 主标签 + N个 副标签
个性化、有温度的人设

- 大号教练
- 大号生意家
- 大号创业导师
- 阅读达人
- 生活家
- 内容主义者
- 文案达人
- 创始人
- 老师

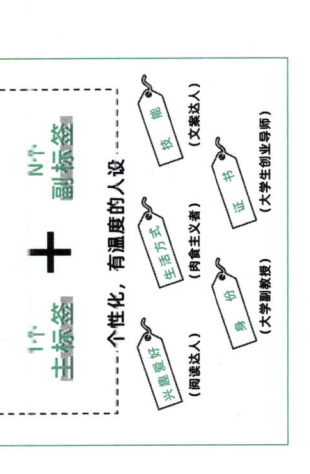

4.产品 Product — 设计高回报的产品体系

核心三原则

- 横向做品类 纵向做人群
  用赛道构建产品矩阵 用不同价格构建产品矩阵
- 用多势构建产品矩阵
- 影响力产品 免费 / 低价，帮你链接更多的用户
- 产品矩阵
- 回报型产品 真正收益，特别适合金城和社群

空间维度 / 时间维度
用单位时间积累实际产品力

影响力产品 / 现金流产品

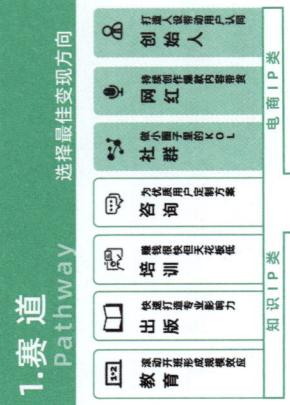

1.赛道 Pathway — 选择最佳变现方向

电商IP类 / 知识IP类

如何选择

找对标切细分 / 渠道海切细分

基本原则 / 博势能 / 养实力

围绕赛路拼积累 / 冠军策略

- 社群型KOL
- 网红型
- 企业咨询培训师
- 创始人
- 出版
- 版权
- 教练
- 咨询
- 培训

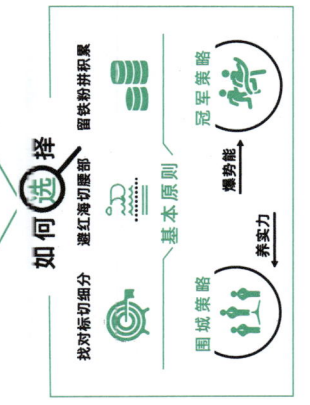

3.平台 Platform — 抓住大流量入口

平台调研十要素

平台红利期：
- 用户画像 / 流量活跃度 / 变现模式 / 扶持方向
- 扶持政策 / 扶持门槛 / 运营活动 / MCN推荐 / 账户学习
- 投入最资源 / 新产品 / 新功能
- 平台转型期 / 机会窗口

- 知乎 长图文 长图文
- 公众号 长图文
- 小红书 种草内容
- 抖音 短视频直播
- 淘宝 真人直播

运营策略：
- 内容 输出 风格 卡位 内容
- 优质 拓团 平台 分发